芸術家《アーティスト》のすまいぶり

中村 好文

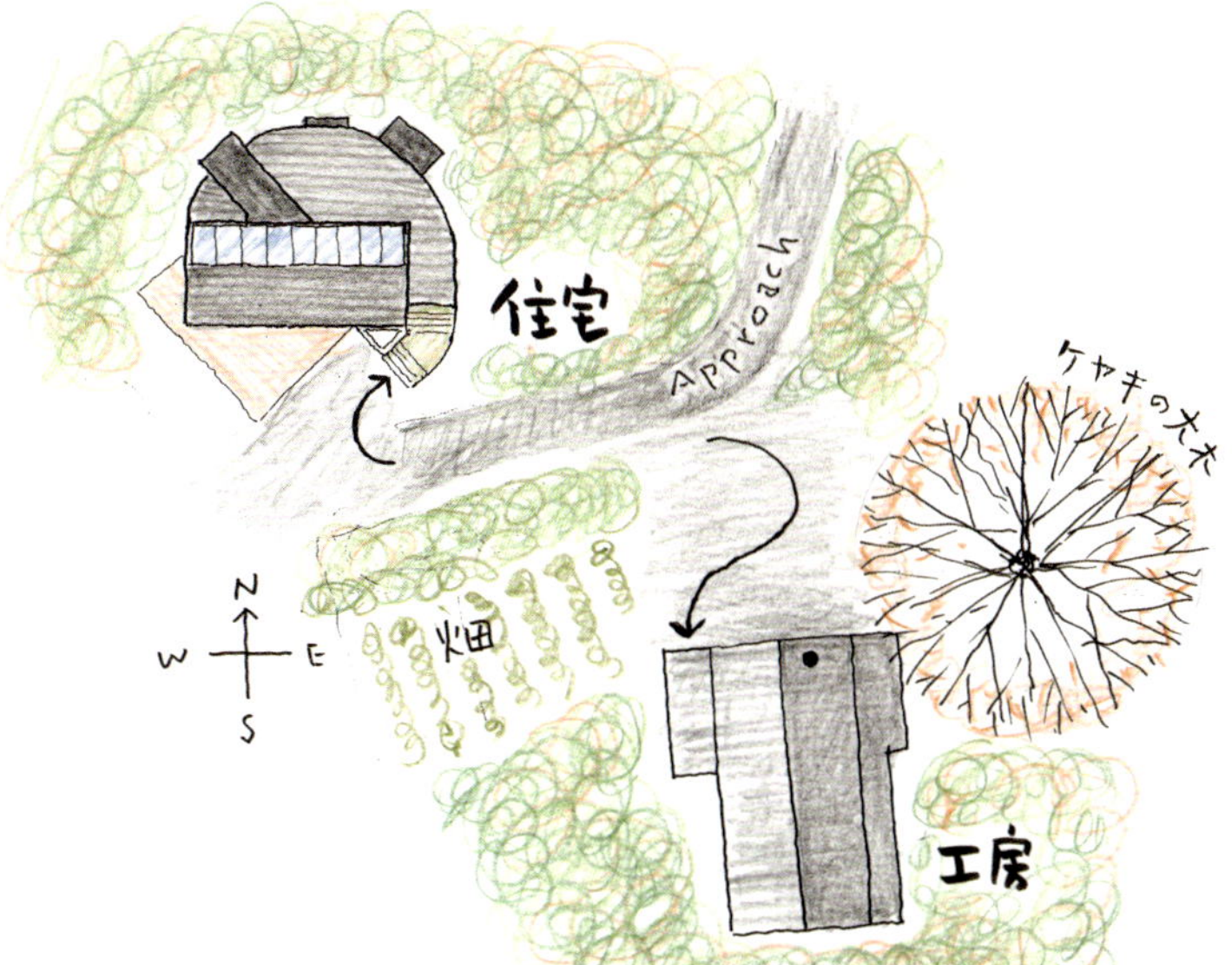

LIXIL出版

まえがき

以前、『INAX REPORT』というPR誌に「Architect at Home」という連載ページを持っていたことがありました。

建築家の自邸を訪ね歩き、そこで見聞きしたこと、感じたこと、考えたことをエッセイ風に綴る肩肘張らない読みものでした。最初は三年間の約束でスタートしたのですが、『INAX REPORT』には、ぼくのページの前と後ろに非常に内容の濃い歯ごたえのある特集ページがあったせいか、ぼくのページを息抜きとして愛読してくれていた読者もいたらしく、さらに三年間（合計六年間）続けることになりました。その後、ＩＮＡＸがＬＩＸＩＬに統合することに伴って『INAX REPORT』は『LIXIL eye』と誌名を変え、このときも編集部から連載の依頼がありました。遠慮がちにではありましたが、言外に「気楽な読みものを……」というニュアンスの感じられる依頼でした。

フランス料理のコースで魚料理と肉料理の間に「グラニテ」と呼ばれる口直しの氷菓が出されることがありますが、ぼくの連載はどうやらその「グラニテ」の役まわりと目されていたらしいのです。

ぼくは建築家の自邸を訪ね歩いていたときから「こんな調子でアーティストの住まいを訪ね歩いたら面白そうだな」と思っていましたから、さっそくそのことを伝えたところ、即座に快諾していただき「Artist at Home」という新連載が始まりました。結局、この連載は三年間続き、十二軒のアーティストの住まいと仕事場を訪問取材しました。

前置きが長くなりましたが、この本はその「Artist at Home」の連載十二編のうちの十一編に、「陶芸家　武田武人さんの巻」を書き下ろしで加えて一冊にまとめた本です（よんどころのない事情があり、ヴェネツィアのガラス作家の住まいと仕事場の訪問記は掲載することができませんでした）。

連載は建築家の自邸を訪ね歩いた前回の連載と同様に、アーティストといっても国から勲章を授かるようないわゆる大御所ではなく、地位や名誉とは無縁なところで、マイペースで素晴らしい仕事をしている「知る人ぞ知る」的な人たちを訪ねることにしました。

連載を始めるにあたって取材するアーティストのリストを入念に準備していたわけではありませんが、面白いもので、初回に前川秀樹さんを取材したことで、この連載の進むべき航路がはっきり見えたような気がしました。

具体的に言うと「ここにこんなアーティストがいて、こんな作品を、こんな暮らしの中から作り出している」ということを紹介できれば「それだけで充分！」という気持になったのです。そんなわけで、訪ねるアーティストも、ぼくの古くからの友人だったり、その友人の紹介だったり、旅先で偶然出会った人だったり、ビリヤードのボールのようにあちらでぶつかり、こちらではね返りする「出たとこ勝負」の取材でした。

そして、結果としては、下準備も予習もなしで「ふらり」と訪ねる取材に終始することになりました。もともとそのような取材から生まれた本ですから、読者にも気楽な気持と寛いだ姿勢で「ふらり」と開いたそのページから読んでいただけたら、著者としては本望です。

中村好文

目次

像刻家　前川秀樹さんの巻 ― 6
金属造形家　渡辺遼さん、須田貴世子さんの巻 ― 18
画家　仲田智さんの巻 ― 30
イラストレーター　葵・フーバーさんの巻 ― 42
彫刻家　上田快さん、亜矢子さんの巻 ― 54
リュート奏者　つのだたかしさんの巻 ― 66

テキスタイルデザイナー　真木千秋さんの巻　78
陶芸家　小川待子さんの巻　90
鍛造作家　藤田良裕さんの巻　104
フォルコラ作家　パオロ・ブランドリシオさんの巻　116
画家　綿引明浩さんの巻　128
陶芸家　武田武人さんの巻　140

像刻家

前川秀樹さんの巻

そうか、この建物そのものが大きな標本箱だったんだ！

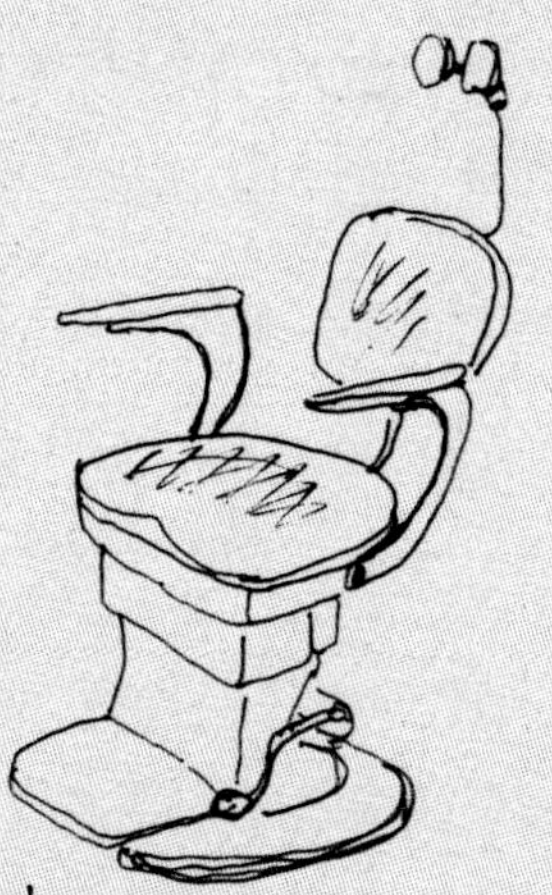

玄関ホールで
来客を迎える
古風な歯医者の椅子

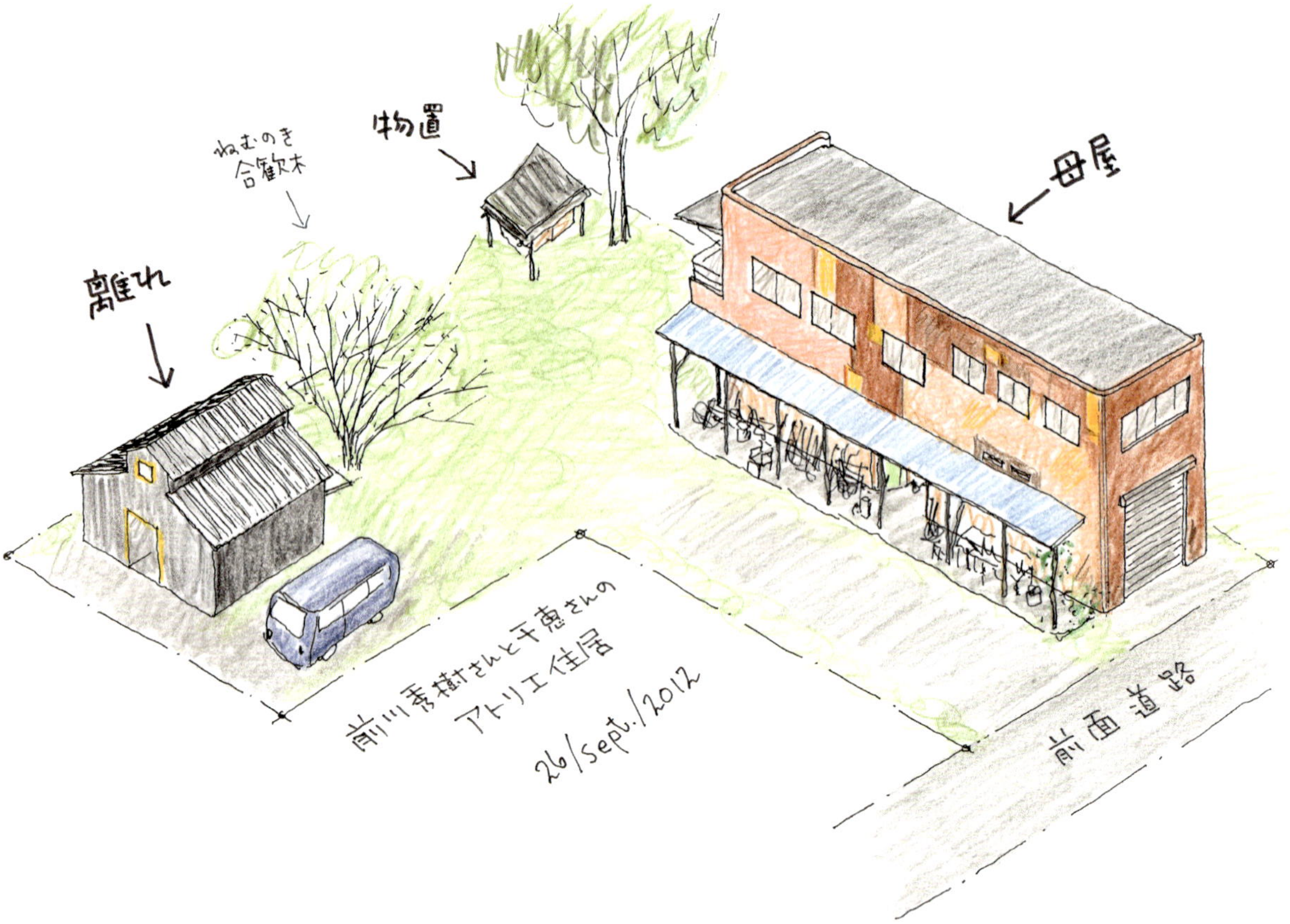

離れの中央は土間が貫いていて文字どおり「抜け」のいい造り。
前川さんの彫像作品が番兵のように立っている

木製扉にナンバー入りのホーロー製のプレートや金属の板が意味ありげに取り付けられている。前川さんは大学卒業後にパリに暮らしていたことがあるのでそのときに「拾い集めた宝物」かも

トップバッターは、彫刻家、画家、工芸家、奇譚《きたん》作家……と様々な顔を持つ前川秀樹さんです。前川さんのアトリエと住まいは茨城県土浦市にあります。建て売り住宅が建ち並びはじめ、のどかな田園風景が消えつつある散文的な風景を眺めながらゆるやかな坂を下ると、幸いまだ残っている林と草原をバックにして「忽然《こつぜん》!」という感じで、前川さんのアトリエ住居が出現しました。黄土色の土壁風の外壁で包まれた長方形の箱形建築。その外壁に大きなツギを当てたような塗り直しの跡が見え、建物自体が土壁によるパッチワーク作品になっています。ひと目で、このあたり前でない建物に、あたり前の人物は住んでいそうにないことが予測できます。建物を見上げつつ、そんなことを考えていますと、そのあたり前でない張本人の前川さんが、満面のニコニコ顔で出迎えてくれました。コンパスで描いたような丸顔、丸めがね、口元にはくわえ煙草、赤錆色のダブダブのズボン……。いたずらっ児をそのまま二倍に拡大したような印象。やはり、どう見てもタダモノではありません。「やあやあ」の簡単な挨拶のあと、さっそく建物の右手の道路側にあるアトリエから案内してもらいました。

「感心したがり」の私は、アトリエの板張りの入口扉に目を奪われ、さっそく感心して写真を撮りました。古材や彩色された板を横張りにした上にトタン板を張り付けたり、ブリキの換気ガラリを嵌め込んだり、意味ありげな記号や番号の書かれた金属プレートを取り付けたりしたその扉はまるでモダンアートの絵画、たとえば、ロバート・ラウシェンバーグのコラージュ作品のようです。そして、その扉を開けて入った天井の高い空間が、彫刻などの立体作品を制作するアトリエでした。一見雑然と見えますが、よく見ると、材料や彫刻刀などの道具はもちろん、電動工具や溶接機械などもしかるべき位置に納まっていましたし、制作台の上にはユラーリと回転移動する照明器具の工夫などもあり、アトリエ全体はとても働きやすそうに、居心地よさそうに、楽しそうに設《しつら》えられていました。また、その空間には「現役の仕事場」の張り詰めた緊張感も色濃く漂っていました。

折しも、近々開かれる個展のための作品制作の真っ最中とのことで、アトリエ中央の台の上に、頭から鹿の角のようなものを生やした男性の木彫の作品が置かれていました。そして、その彫像の右頰のあたりから肩口にかけてを、高窓から差し込んだやわらかな朝の光が優しく撫でおろしていました。それは、映画のワンシーンか、夢の中のできごとのように印象的な光景でした。仕事中にこのような神々しい瞬間が訪れたら、彫刻家は神に祝福されたと思うことでしょう。こうした自然光のプレゼントこそ、制作に没頭する彫刻家に芸術の神様が贈るとっておきのご褒美にちがいありません。

話が前後しますが、前川さんのアトリエ住居の敷地はL字型で、面積は約百八十坪ほどです。そこにアトリエと住まいのある箱形の「母屋」と、切妻屋根を載せた、書斎であり、倉庫であり、ゲストハウスであり、展示室でもある「離れ」と、サンタフェスタイルとでも呼びたくなるような「物置」の三つの建物がほどよい位置関係で配置されています。

アトリエを見学した私はいったん「母屋」を出て、切妻の「離れ」を見学することにしました。黒い外壁に覆われたシンメトリーの建物が、先ほどからさかんに「おいでおいで」の手招きをしていたからです。「離れ」の庭に面した部分は差し掛けの庇で覆われたポーチで、そこに肘かけ椅子やテーブルなどが置かれ、ちょうど西部劇の酒場《サルーン》前のような快適な居場所になっています。そこで前川さんとひとしきり雑談したあと、いよいよ、膨大な前川コレクションが入念に飾られ、大切に保存され、整理され収蔵されている建物の中へと入っていきました。ここで私は、書斎風の机の上や壁に所狭しと飾られた昆虫の標本箱をはじめ、動物や鳥類の骨の数々、貝殻と貝殻のかけら、流木、その他の蒐集品に見入りました。そして、見入っているうちに「標本箱」という懐かしい言葉から「理科室」という言葉を思い浮かべていました。この建物に入ったとたんに、「ここにはいつか来たことがある……」という奇妙な感覚にとらわれていたのですが、それは中学校の理科室でした。そして、机脇の梯子のような急な階段を上って屋根裏部屋に上がると、いっそうその思いは強くなりました。そこは、壁も天井もそっくり緑色がかった青色（フランスで「ブルー・ペトロル」と呼ぶ色です）に塗

部屋に入った時に「これは日本にはない色だ」と思った。「色」に「フランスの匂い」を感じたのだ。「ブルー・ペトロル」という聞き慣れない色の名前は「フランスの伝統色」という色のサンプル帳で見つけたもの

離れから母屋を望む。塗り壁の補修の跡(?)が、それなりにいい感じでアートしているのはさすが

離れのファサード。前面が西部劇のサルーンを
連想させる大きなポーチで覆われている

られた沼の底のような空間で、壁際には背丈ほどもあるガラスの扉の付いた大きな標本棚があり、いわくありげな品々がさも大切そうに飾られていました。

「そうか、この建物そのものが大きな標本箱だったんだ！」

屋根裏部屋に佇みながら、私はひとり大きくうなずきました。

もう一度、母屋に戻り、今度はアトリエ以外の部屋を見学させてもらいました。一階の玄関ホールで古風な歯医者さんの椅子と羽ばたく天使の彫刻が出迎えてくれたのを皮切りに、行く先々で様々なモノ、モノ、モノ、モノ、モノ、モノ……が、次々に目の前に立ち現れて語りかけてきます。その蒐集品の種類と数がまったくもってハンパじゃありません。そして、そのすべては、前川夫妻が、あちらこちらで拾ってきたり、世界各地の古道具屋から買い集めたり、手間ヒマかけて手作りしたりしたモノたちなのです。私は、これらの蒐集品をなかば呆然として眺めながら、思わず、犬がくわえてきた骨をせっせと縁の下に貯め込む様子を想像していました。

そうそう、「手作り」と「骨」と書いていて思い出したことがあります。驚いたことに、手作りしたものの中には、蝦夷鹿《えぞしか》の頭蓋骨なども入っていました。「骨の美しさ」にぞっこん惚れ込んでいる前川さんは、北海道の猟師が仕留めた鹿の頭部を宅配便で送ってもらい（それも、生首状態で段ボール箱に詰めて！）、自宅で長時間コトコト煮込んで完璧な頭蓋骨を取り出したりするのだそうです。まったく恐ろしいことをする人です。

吹き抜けの下に潜り込む居心地の良さそうな作業スペース。中二階（？）の手摺りを支えているアール・ヌーボー風の鋳鉄の部材が、じつはシンガー・ミシンの脚部を再利用したものだと気づいた時は、思わず「やられた！」と呟いた

ところで、前川さんは木彫の仕事はもちろん、金属の仕事も大得意で、溶接も自在にこなす万能の手仕事名人です。最近はあまりやらないそうですが、一時期は手仕事名人ぶりにモノを言わせて、照明器具から家具に至るまで、様々な愉快な生活道具を手作りしていました。その溶接の腕前をうかがえる玄関ホール脇の鉄板階段を上って二階に上がると、そこが、居間、食事室、台所などの生活の場。この建物でいわゆる「住まい」を感じさせる場所はどうやらここだけのようです。といっても、ここにもコレクションが氾濫していて、そのコレクションの間から、かろうじて「住まいらしさ」が垣間見える……といった感じでしょうか。台所を右手に見つつさらに奥に進むと、ここもまたアトリエ然としていて、棚の上には次の展覧会の出番を待つ木彫作品がひしめき合って並んでいました。

高い天井のアトリエ内部。天窓から差し込む自然光が制作中の作品にスポットライトを当てている。光の移ろいが時を知らせる沈黙のアトリエ

コレクションのほんの一部。蒐集だけでなく展示にも前川さんのこだわりとセンスがうかがえる

手前は食事室、斜め奥は台所。料理上手の千恵さんは、この日もあっという間にマッシュルーム・スパゲティとグリルしたパプリカ、それにサラダの美味しいランチを用意してくれた

食事室の奥の部屋。図面では「居間」となっているが、ここもアトリエのよう。展覧会を待つ作品が窓際にひしめき合って並んでいる

離れのポーチで世間話をする前川さんと私。すぐさま愛犬がのっそりすり寄って来て話の仲間に加わった

先ほど、離れにいるとき、私は「ここにはいつか来たことがある……」という想念にとりつかれましたが、じつは、ここでも同じような気持になっていました。ただし「ここ」については、はっきり思い当たるふしがありました。

　数年前のこと、私は家具と建築の中間的な仕事を頼まれ、北鎌倉の澁澤龍彦邸に何度か出入りする機会がありました。そのとき澁澤邸で味わった凸面鏡をのぞき込んでいるような奇妙な感覚が、記憶の底からまざまざと蘇ってきたのです。澁澤さんの部屋にも、貝殻、骨、甲羅、昆虫、ガラス玉、玉《ぎょく》、人形、絵画などが、机といわず、台といわず、ガラス戸棚の中といわず、壁といわず、所狭しと並べられていましたが、そのすべてが現実のものではなく、凸面鏡に映り込んだ世界のように感じられたのです。ただ、澁澤さんと前川さんのコレクションは見かけこそ似ていますが決定的なちがいがあります。前川さんの場合は、蒐集品のひとつひとつが前川さんの造形作品に真っ直ぐに繋がっていく「教材」あるいは「資料」の役目をしているからです。いや、造形作品ばかりではありません。最近、前川さんは言葉という彫刻刀を使って奇譚を彫り出す文筆家としても異才ぶりを披露してくれていますが、コレクションは、その物語のイメージを膨らませるきっかけにもなっているように見受けられるのです。

　庭先の「離れ」も、つぎはぎだらけの黄土色の「母屋」も、前川さんの教材を詰め込んだ玉手箱であり、同時に、前川さん自身の頭の中であったと言えるかもしれません。

こぼれ話

取材を終えてしばらくの間、前川さんの「標本箱」と「理科室」のことが頭の片隅から離れませんでした。見学の印象がよほど強烈だったのだと思います。

ちょうどその時期に、偶然、自宅の本の整理をしていて本棚の奥に埋もれていた澁澤龍彦さんの本を見つけ、パラパラ捲《めく》ってみました。そして、次の部分に鉛筆で傍線が引かれているのを発見しました（学生時代に読んだ本なので、この傍線を自分が引いたかどうかさえ、まるで憶えていないのですが……）。

> わたしたちもまた、子供の頃、役にも立たぬ壊れた時計の部分品だとか、長火鉢の抽斗から盗み出したお祖父ちゃんの眼鏡の玉だとか、スポーツマンの従兄弟にもらったメダルだとか、練兵場で拾った真鍮の雷管だとか、色とりどりのビイ玉だとか、つやつやした大きなドングリの実だとか、乾燥したトカゲの死骸だとか、万年筆のキャップだとか、鎖だとか、ゼンマイだとか、鉛の人形だとか、フィルムの切れっぱしだとか、短くなったバヴァリアの色鉛筆だとかいったようなものを、ひそかに箱の中に蒐集することに、得も言えぬ快楽を味わった記憶があるであろう。（中略）これらの「宝物」は、子供たちの想像力にとって、一つの別世界を開顕する神聖なオブジェの数々なのであり、これらの呪物《フエテツイシユ》は、わたしたちの種の記憶の底によどんでいる物体の汎性欲的な愛着の端的な現われなのである。そして、それらの物体の集大成は、そのまま、それ自身で完結する一つのエンサイクロペディックな、自立的な宇宙を意味するものになるのである。（澁澤龍彦『夢の宇宙誌』河出書房新社、2006）

もう、まったく、前川秀樹さんについて書かれているとしか思えませんでした。

金属造形家

渡辺遼さん、須田貴世子さんの巻

そう、「芸術はガレージからも生まれる！」のです。

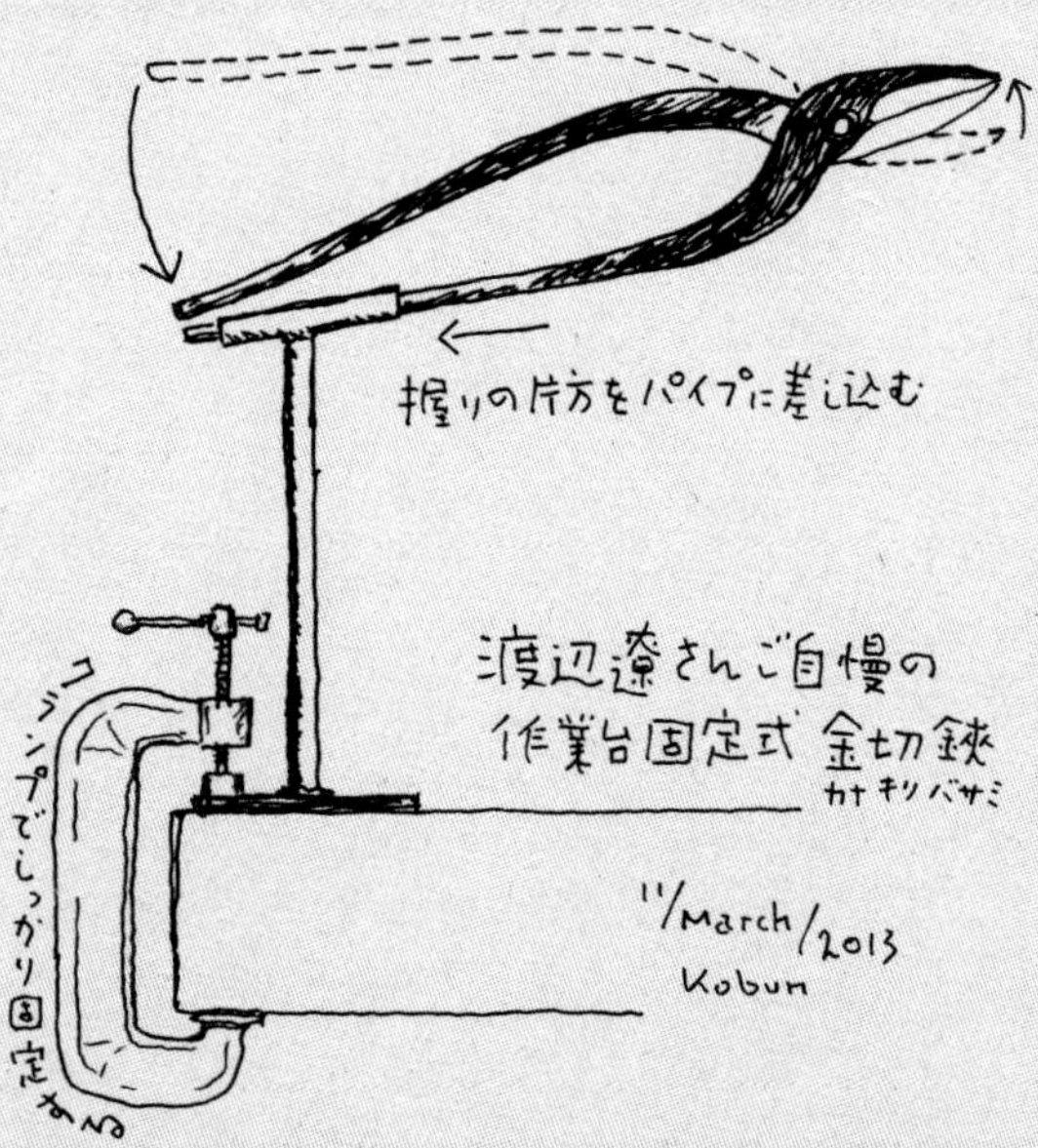
握りの片方をパイプに差し込む
クランプでしっかり固定する
渡辺遼さんご自慢の
作業台固定式 金切鋏《カナキリバサミ》
11/March/2013
Kobun

二〇一二年十一月二十三日、二十四日の二日間、香川県高松市で第一回瀬戸内生活工芸祭が開催されました。全国各地からクラフトに関わる作家たちが、自信作を携えて高松城跡の玉藻公園に一堂に集まり、展示販売するクラフトフェアです。

　この生活工芸祭開催の「言い出しっぺ」のひとりである私は、行きがかり上、出展者を選ぶ選考委員を務めさせてもらいました。私としては、「生活工芸」というキーワードがある以上、なんらかのかたちで暮らしに役立つ道具を選ぶべきだと思っていましたが、そういう基準では選びにくい作品もありました……と、言いながらも、作品の発する不思議な底力に魅了され、ぜひ、実物を自分の眼で見、手にとって撫で回してみたくなるもの、さらには、その作者に会って話を聞いてみたくなるもの

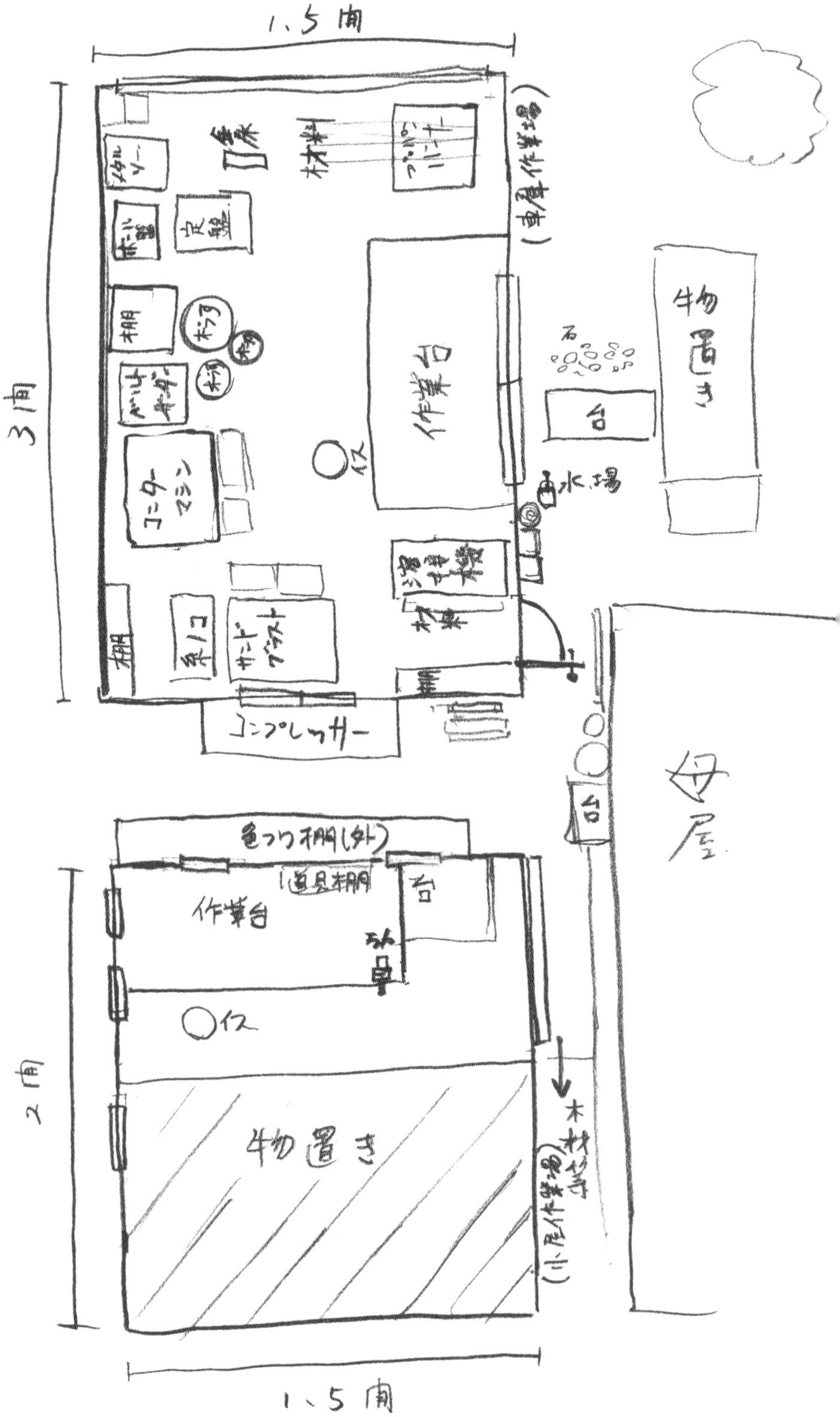

イラスト：渡辺遼

がありました。

今回、仕事場《アトリエ》を訪問する金属造形家の渡辺遼さんはそのひとりでした。

渡辺遼さんとは玉藻公園の会場で会いました。もちろん初対面です。いくつかの展示ブースが横並びに並ぶなかのひとつが渡辺さんのブースで、平べったい石ころのようにも甲虫の殻のようにも見えるものと、器と言われれば器に見えないこともない容器と、球をふたつに割ったような電気の笠などが並んでいました。素材はすべて鉄で、表面仕上げに特徴があり、形態の魅力とは別に、その風合いと景色も見どころであることが直覚できました。渡辺さんは作品から受ける印象をそのまま人柄に投影したような物静かな人物で、低い静かな声で、ゆっくり自分に言い聞かせるように話します。その話しぶりに私は親近感を抱きました。

二日間の生活工芸祭は大盛況のうちに終わり、最終日の夜には、出展者、主催者、選考委員を交えた賑やかな打ち上げパーティが開かれました。このパーティは、ふだん接点のない若いアーティストたちとお酒を酌み交わしながら本音で語り合える、私にとっては、またとない良い機会になりました。

渡辺さんはパートナーでブロンズ鋳造の仕事をしている須田貴世子さんと一緒に参加していました。渡辺さん、須田さんと雑談するうちに、私はふと思いついて、ふたりに「木製サッシのレバーハンドル型の金物をブロンズの鋳物で制作することはできますか？」と打診してみました。最近私は、木製のサッシ

渡辺さん夫妻が両親と住んでいる、ごく普通の住宅街の住宅。庭先もアトリエとして使うので、もの珍しそうな目で見られることもあるという

どう見てもガレージにしか見えないが、この中が仕事場で、渡辺さんが日夜、制作に没頭している

を使うことが多いのですが、そのサッシに付いているレバーのアルミ製で角張った無機質のデザインが気に入らず、「もっと握り具合の良い素材と形にしたい！」と考えていた矢先だったのです。つまり、このふたりは、協働で「役立つ道具」を作ることのできるかもしれない、私にとっては「渡りに舟」の人材でした。嬉しいことに、ふたりからは異口同音に「ぜひ、やってみたいです！」と快諾の言葉をもらいました。

取材依頼の電話をしたとき、渡辺さんは、例の噛みしめるような口調で「えぇと……、両親と普通の家に同居していて、仕事場といっても、小さなスペースですから、本当に自家《うち》なんかでいいんでしょうか？」と気にかけつつ、快く引き受けてくれました。私は、功なり名遂げたアーティストの仕事場にも、もちろん興味はありますが、これから伸びていくであろう若いアーティストの、言ってみれば「駆け出し時代」の仕事ぶりや暮らしぶりにも、大いに心惹かれます。

「芸術は屋根裏部屋から生まれる」という名言を引きあいに出すまでもなく、金銭的にも環境的にも恵まれすぎていないことが、若いアーティストの骨格を形づくり、精神に筋金を入れるものだと私は考えていますので、渡辺さんの住まいと仕事場は、私としては「願ってもない」取材先なのでした。

大宮駅でカメラマンの相原さんに拾ってもらい、車で走ること十分あまり。迷うこともなく渡辺家の門の前に到着しました。いくらか緊張気味の渡辺さんと須田さんに三か月半ぶりに再会。とりあえず二階に……ということで、二階の居間兼作品展示室のようなところに通され、雑談しながら周囲に置かれているふたりの作品をひとつひとつ眺めまわしました。作品展示室と書きましたが、シンプルなスチール棚と木製の戸棚の上に、ふたりの作品がバランス良く配置され展示されているので、小さなギャラリーの一室で開かれている「渡辺遼、須田貴世子 二人展」の会場に入り込んだような錯覚を覚えます。この部屋では、ふたりがこれまで取り組んできた作品と、これからやろうとしている試作的な作品の話を聞かせてもらいました。

それから、階下の須田さんが仕事場にしている八畳間をチラリとのぞき、いったん外に出て、ガレージを改装した渡辺さんの仕事場と、渡辺さんがセルフビルドしたという、須田さんの仕事場を見学させてもらいました。

まずは、渡辺さんの仕事場です。

狭い入口をすり抜けるようにして中に入ると、右手に窓に向かって鉄板製の甲板の大きな作業台がドーンと据えられており、型板ガラスで拡散された自然光が、作業机と仕事場全体を柔和に照らし出していました。もともとは簡素なガレージですから、安物のアルミサッシに薄っぺらなガラスが嵌っているだけなのに（悪口ではありません、悪しからず！）、どうしてこれほど静謐で、神聖と言いたくなるような光に満たされた空間になるんだろう……？　一歩、足を踏み入れた状態で、私は絶句し、しばしその場に立ちつくしてしまいました。建築家の悪いクセで「窓の方位のせい？」とか「甲板の鉄板が光の反射として

須田さんの仕事場。渡辺さんが手作りしたもの。南面した４つの窓から暖かい光が入る

作用するから？」とか、あれこれ推測しましたが、どの理由も自分の気持にしっくりおさまりません。「大げさな！」と笑われるのを覚悟の上であえて言えば、モンパルナスのアルベルト・ジャコメッティのアトリエに漂っていた空気と同質の空気の濃度を私は感じていたのです。作業場という密室に、創造の「気」がエーテルとなって漂っていたと言い換えてもいいかもしれません。

そう、「芸術はガレージからも生まれる！」のです。

数分間の呪縛が解けて目を転じると、作業台の下、作業中でもすぐ手の届くところに、様々なサイズの木槌と金槌がズラリと並んでいました。そして、あらためて作業場を見渡せば、使

ブロンズで鋳造した須田さんの作品。鋳物の制作は場所を取るので千葉の工場でするとのこと

鉄板を叩き出す渡辺さん。「カンカンカンカンカンカン、カン！」とリズミカルな音が響く

ズラリと並んだ、木槌と金槌。「ホントに、こんなにいるんですか？」と訊ねたくなる

平べったい作品は鉄製、ゴツゴツした石器のような作品はブロンズのムク材の鋳物

窓から入る光が型板ガラスで拡散され柔らかく室内に漂う、渡辺さんの仕事場

手製のスチール棚にきれいに並べられた渡辺さんの作品

い込まれた道具たちが、所定の位置にお行儀良くおさまって出番を待っていました。

「なにか作業をしている様子を撮らせてもらえませんか?」というAさんの声に応えて、渡辺さんは、カウボーイが拳銃を抜くように素早く木槌を引き抜いて、鉄板を叩き出す作業を実演してくれました。

カンカンカンカンカン、カン!、カンカンカンカンカンカン、カン!という正確なリズムが刻まれ、厚さ一ミリ鉄板のへりがたちまち見事な曲面に変形していきます。ややあって、渡辺さんは叩く手を止め、「この音に近所から苦情が出たりするんですよ」と、ちょっと顔を曇らせました。

つづいて、須田さんの作業場です。こちらは母屋と敷地境界の隙間に嵌め込むように建てられています。この板張りの作業場は渡辺さんの手作りとのこと。引戸を開けると、室内は思いのほか明るく、どことなく華やいだ雰囲気があるのは、やはり女性の仕事場のせいでしょうか。この作業場もおびただしい道具類が見事に整理整頓されて並んでいました。ここでもAさんの注文に応じて、須田さんは銅鐸を扁平にしたような作品の表面に模様を付ける作業をして見せてくれました。こちらは、親指の太さぐらいの可愛い金槌で、音も、カ、カ、カ、カ、カッぐらいで、ご近所を気にしなくて良さそうな音でした。

ところで、先ほどちょっと触れましたが、じつは須田さんには、母屋の中にも仕事場があります。もう一度、母屋に引き返

和室の畳の上に合板を敷き詰めた仕事場。須田さんは床にちょこんと座って作業する。床の間を背にしてミニバイク「モンキー」が鎮座しているのが面白い

して、あらためて、そちらも見せてもらいました。

もともとは八畳の和室だった床にベニヤ板を敷き、障子の嵌った窓際の片隅が須田さんの仕事のコーナーです。そこの床にちょこんと座って作業する様子を見て、私が「寺子屋の子供のようだね」と言いますと、須田さんは「そうそう、寺子屋なんです」と笑って応えました。須田さんの細かい作業は見ようによっては「内職仕事」のように見えます。失礼をかえりみず、私は、手ぬぐいで姉さんかぶりし、黒い腕カバーを嵌めた須田さんの姿をまぶたの裏に思い描いていました。

そうそう、この部屋については特筆しておかなければならないことがあります。

銅鐸のミニチュアのような金属作品に模様を付けるのは熟練を要する精密作業と見受けられた。小型の金槌が小気味よく金属棒の先端をとらえていく

ブロンズの鋳物の製法について須田さんから講義を受ける

写真をご覧いただければ一目瞭然ですが、床の間の桐箪笥の前に、なんと！　ホンダのミニバイク、あの「モンキー」が鎮座しているのです。私の目には「シュールな光景」に映りましたが、渡辺さんは、子供のころからジープやバイクが大好きだったそうで、大学を出てからは、バイクの部品を作る工場で働いていたそうですから、このモンキーも、制作のための一種の教材的な働きをしていると思えば、納得できないこともありません。

鉄という安価で素っ気ない素材が、手を加えることで思いがけない魅力を生み出すことが面白い……と話す渡辺さんと、ブロンズという素材そのものに、えも言われぬ魅力を感じる……と語る須田さん。ふたりの若いアーティストの生気みなぎる制作現場の見学で、元気づけられ、鼓舞された有意義な取材になりました。

こぼれ話

　本文の中に、渡辺遼さんがカメラマンの注文に応じて鉄板を叩き出す実演をしてくれたあとで「この音に近所から苦情が出たりするんですよ」と漏らし、顔を曇らせたと書きました。その後、その「騒音問題」が深刻化したのかどうか分かりませんが、取材した翌年（2014年）に渡辺さんと須田さんは長野県の伊那谷に移住するべく、元は肥料の倉庫だったという建物を手に入れて、そこを住まいと工房に改修する作業に着手しました。

　渡辺さんは展覧会の案内や近況を小まめにブログに書いています。ぼくは、たまたまそのブログの「移住」というカテゴリーを読んでいて、広い倉庫（床面積は50坪あるとのこと）の壁面の大がかりな解体作業から始まり、助っ人や大工さんの手を借りながら半セルフビルドで次第に改修工事が進んでいく様子を知りました。いろいろな意味で便利のいい東京圏の大宮から、鉄道を上手に乗り継いでも４時間以上かかる伊那谷に引っ越すのはちょっとした決心のいることだったと思います。とはいえ、ゆったりした大自然の中の広々とした工房の中で近所の苦情など気にせずに、思う存分「カンカンカンカンカン、カン！」と創作に専念できることはなにごとにも代え難いことだったのでしょう。

　ブログには雪化粧した中央アルプスの山並みを背景にした建物周辺の写真と「ここに暮らせると思うと嬉しくてしかたがない」というコメントが添えられていて、「ああ、本当に良かった！」と身内のことのように嬉しく思いました。

　先日、久しぶりに渡辺さんと電話で話しましたが、取材のあとで生まれた女の子はもう四歳になったとのこと。「保育園から帰ってくると、ずっと喋ってるんですよ」と、そのおしゃまな成長ぶりを、以前と変わらない穏やかな声で教えてくれました。

画家

仲田智さんの巻

大きな屋根に覆われた軒下空間が「おいで、おいで」と笑顔で手招きをしているように見えるのです。

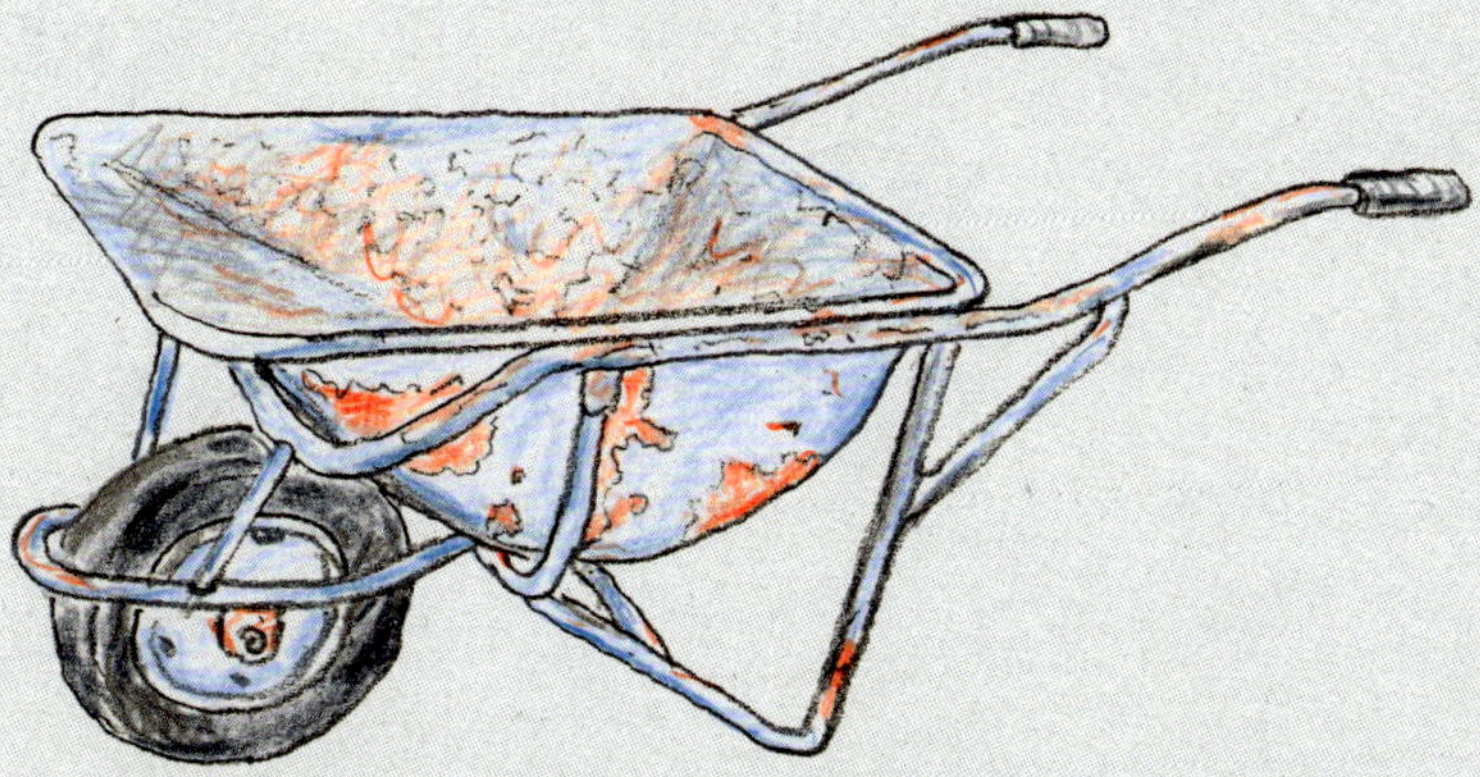

庭の片隅に置かれた一輪車も
仲田さんの立体作品に見えました。

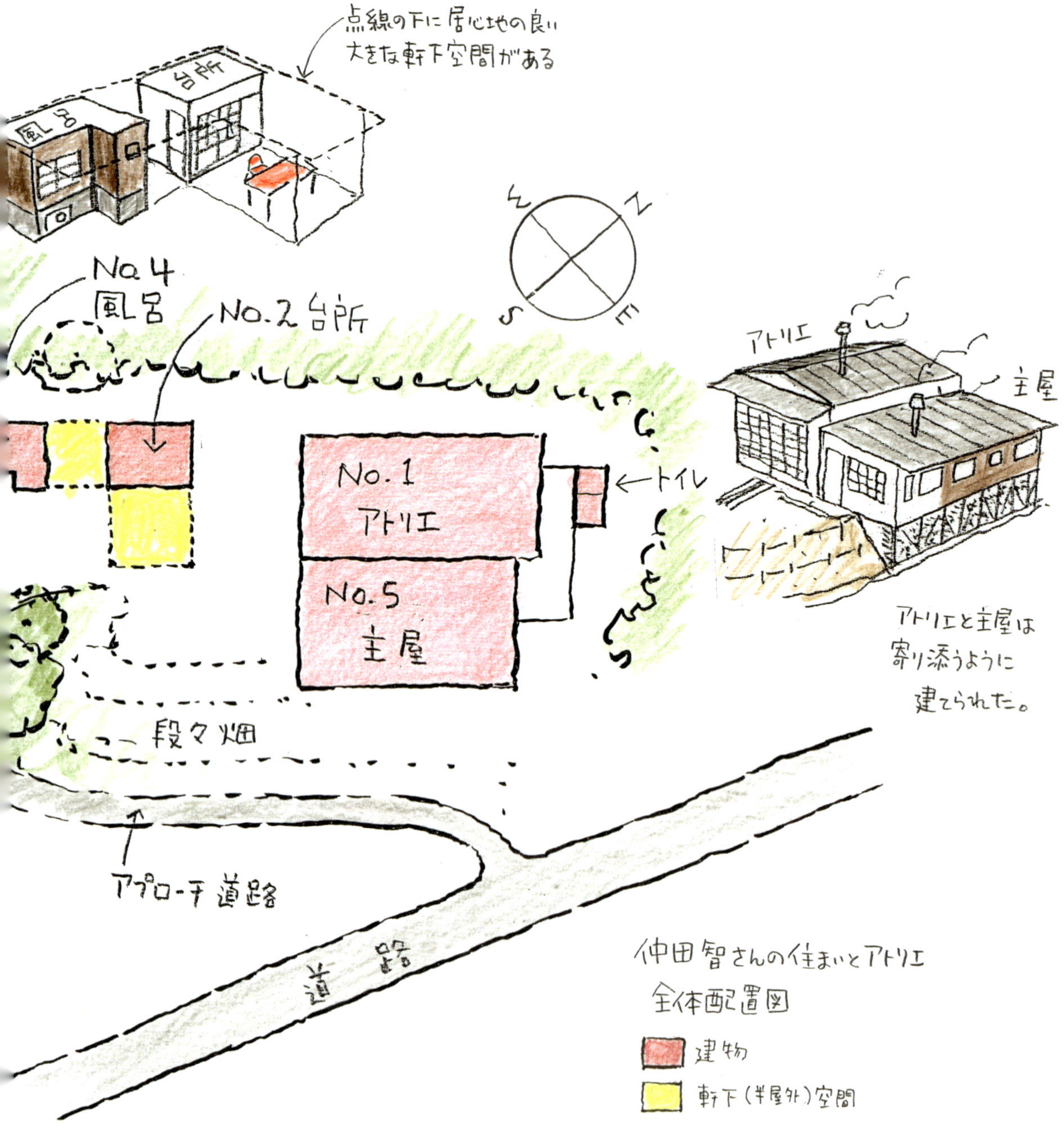
点線の下に居心地の良い
大きな軒下空間がある
台所
風呂
No.4
風呂
No.2 台所
N
W
S
E
アトリエ
主屋
No.1
アトリエ
No.5
主屋
←トイレ
アトリエと主屋は
寄り添うように
建てられた。
段々畑
アプローチ道路
道路
仲田智さんの住まいとアトリエ
全体配置図
建物
軒下(半屋外)空間

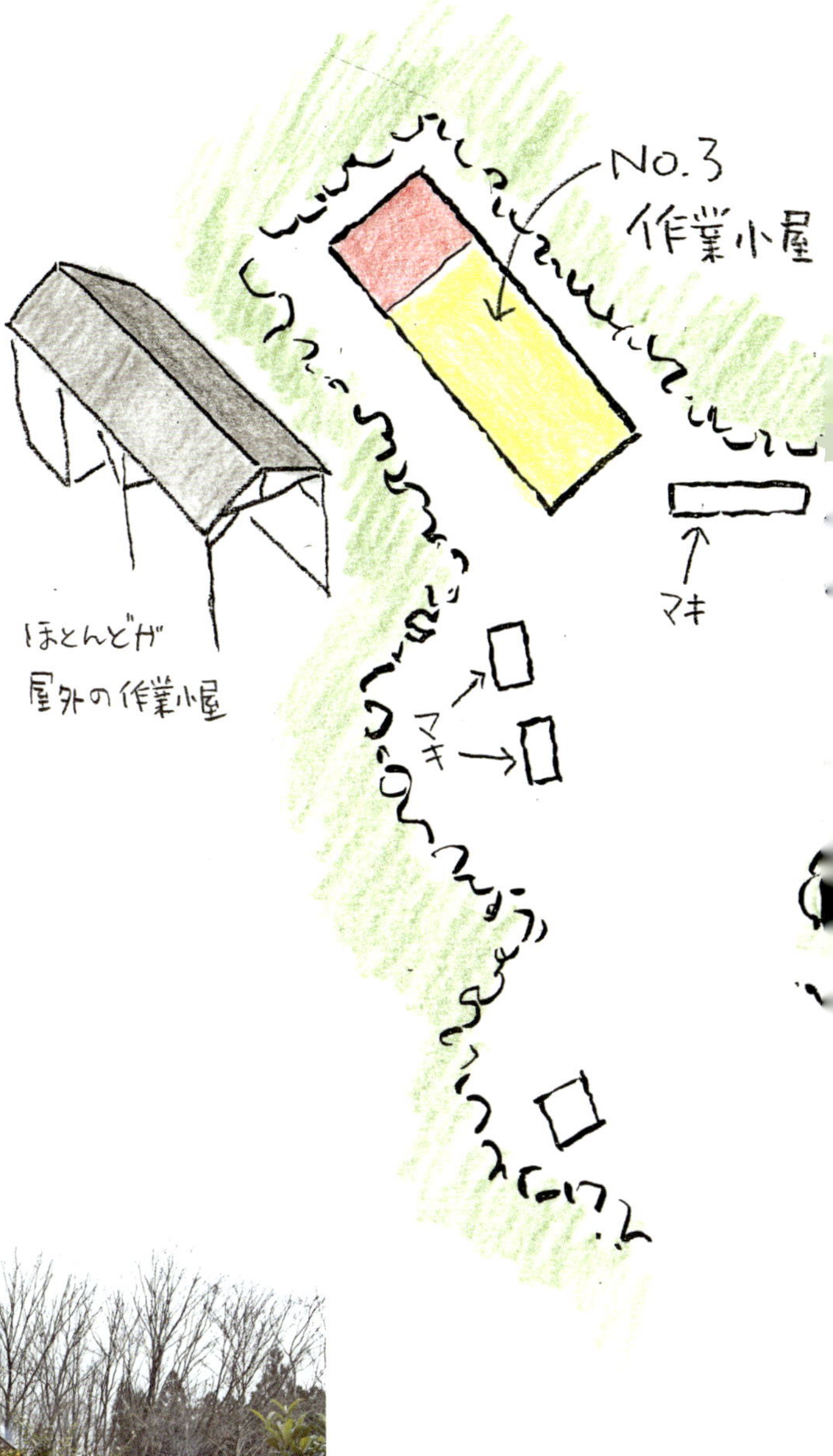

人里離れた森の中にばらまかれた建物群。敷地全体にどことなく開拓者の気配が漂っている

この写真からも大らかな軒下空間によって建物どうしを結びつける仲田さんならではの建築手法がうかがえる

画家の仲田智さんがご自分の住まいとアトリエをほぼセルフビルドで作られていることは、つとに有名で、私も友人や知人から断片的に話を聴いていました。

なかでも、いつも面白い企画展を開いているギャラリーのオーナー、土器典美さんは「仲田さんは素敵な人だから、ぜひ、会って見学させてもらったらいいと思う」と薦めてくれた上で、連絡先なども教えてくれました。じつは私もある雑誌で紹介されていた仲田さんの住まいとその暮らしぶりの記事を興味深く読んだことがあり、住まい作りとそこでの暮らしぶりに、生活まるごとを自分の素手で切り開いていく開拓者的な印象を受けていました。

そして、自分の居場所を自分の手で作り出すことに特別な意欲を燃やす仲田さんを、私はたぐいまれな「営巣本能」の持ち主として記憶にとどめていたのでした。

大きな庇に覆われた居心地良さそうな軒下空間が人の心を誘う。手前の板壁の建物が風呂小屋、そのとなりが台所。
正面に見えるのがアトリエと主屋の建物

見学当日、仲田さんは最寄り駅の常陸大宮駅まで車で迎えに来てくれました。初対面の仲田さんの印象は「落ち着いた物腰」と「穏やかさ」でしたが、スリムな体型と丸刈りの坊主頭のせいか、どこか少年っぽい面影も残っていました。「この人は、子供のころとあまり容貌の変わらなかった人かもしれない……」というのが私の第一印象でした。

駅から家までの道中、仲田さんは東京から住まいとアトリエをその場所に移すことになったいきさつを話してくれました。話によれば、もともと仲田さんの実家は茨城県の那珂《なか》市にあるので実家に近く、東京への行き来のことも考えて、高速のインターチェンジからも近い場所に探していましたが、なかなか予算とイメージに合ういい場所が見つからず、だんだん実家からも遠ざかっていったあげく、現在の人里離れた山林に辿り着いたとのことです。

ほどなく車はメインの道路から脇道に入って山道をしばらく進みました。そして、あたりから人家が消えて、さらに奥へと進んだ雑木林を切り開いたところが、仲田さんの住まいとアトリエでした。

あたり一帯が雑木林の山なので、どこまでが敷地か分かりかねましたが、仲田さんの手に入れた土地全体は七百坪ほどあるそうです。その土地に生い茂っていた雑木を切り倒し、斜面をブルドーザーで整地して、家を建てる場所を確保するところから、仲田さんは家作りを始めたのです。もともと電気も水道もない場所に建てたので、最初は「寝袋に寝て、焚き火で炊事をし、水はふもとから汲んでくる生活」だったといいますから、まさに「開拓者」という言葉にふさわしいスタートだったわけです。

そのスタートから現在の形になるまでに、大まかに五段階を経ています。

いっぺんに作り上げてしまうのではなく、その場に暮らしながら、ひとつずつじっくり時間をかけて、納得のいくやり方で普請していくのが仲田さんの流儀のようです。工事も要所要所でプロの手を借りることもあるようですが、基本的には仲田さんの手仕事によるものだそうです。

参考までに、これまでの普請の経緯を簡単に整理しておきます。

第一段階　最初に建てたのが、鉄骨造のプレファブ小屋です。当初、ここは住まいとアトリエを兼ねていました。二年半後に井戸を掘り、ようやく生活用水が確保できました（ただ、残念ながら飲料には適さない水だったそうです）。
第二段階　それまでプレファブ小屋の中にあった台所を別棟を建てて移動しました。それが現在の台所小屋です。
第三段階　さらに敷地の西北に溶接作業などをする作業小屋を建設。
第四段階　作業小屋完成後にしばらくして風呂小屋が完成。それまでは近所の温泉施設を利用していたそうですが、これで、ようやく自家風呂《うち》になりました。

一番最近建てられた主屋。斜面に迫り出した高床の下部を薪置き場にしている。白く塗装した部分に台所を引っ越す予定

第五段階　そうこうするうちに長男の安里《あんり》くんが誕生し、いつまでもアトリエと住まいが一緒というわけにもいかなくなり、プレファブ小屋に寄り添うように主屋を建設。

　こうした経過を振り返ってみると、休みなく普請が続き、用途と機能に応じた建物が、ひとつまたひとつと増えてきたことが分かります。そして、今度は主屋の手前に作った半屋外のテラスに台所を移動しようと考えているところだそうで、すでにその工事が始まっていました。

　建築的な視点からつくづく「面白いなぁ」と思うのは、必要に迫られて用途の違う場所を作るときに、仲田さんがそれを別棟の建物＝小屋として建てていることです（五段階目だけは例外で、最初の建物にくっつけています）。そして、それぞれの建物に半屋外の軒下空間を設け、その中間領域を建物同士が気持の上で連結するための繋ぎの空間としていることです。もうひとつ付け加えると、この軒下空間が、単に庇に覆われた場所という消極的なサイズではなく、たっぷり大らかに作られているのが大きな特徴です。感覚的にいえばその軒下空間は居心地の良い「外の部屋」と呼びたいぐらいの場所で、たとえばちょっと離れた場所から台所の建物を望むと、大きな屋根に覆われた軒下空間が「おいで、おいで」と笑顔で手招きをしているように見えるのです。台所の前の軒下空間も、台所と風呂の間にある軒下空間も、実用的に大きな役割を果たしているのは一目瞭然ですが、それがこの敷地内に点在する分棟型の建物全体を心理的に結び合わせるコネクターとしての役割を果たしているあたりが、この分棟型の建物配置のいちばんの見どころかもしれません。

いま書いたことは、到着した直後に車から降りてグルリと見回し、真っ先に感じたことですが、ここからは、それぞれの建物で見たこと、感じたこと、考えたことを思い浮かぶまま「分棟式に」書きとめておきたいと思います。

最初は第五段階の主屋です。

「外は寒いので、中で話しましょう」と言って招き入れてくれた建物は、いちばん最近完成したという、主屋です。最初に建てたプレファブの建物に寄り添って建てられていますが、東南に向かって下がる斜面に迫り出すように建てられました。じつは、この建物にも半屋外のテラスがついていましたが、そのテラスが、今、台所に変身しようとしています。入口ドアは仲田さんが鉄板をパッチワークのようにコラージュした魅力的な作品、引き違いのテラス戸は古い建具が上手に再利用されています。建物の中では薪ストーブが焚かれていて、部屋全体がストーブ暖房特有のほっこりとした懐かしい暖かさに包まれていました。木の床と白い壁、簡素なテーブルと椅子、白い布で包まれたソファ、部屋の中ほどに象徴的に置かれた足踏みミシン……、目障りなものはまったくない、「簡素」そして「静謐」という言葉そのままの室内です。白壁には古風なスチール製のサッシが嵌め込まれていますが、仲田さんのこうした古いモノを見る眼には終始一貫した「好み」が感じられます。ふと、壁に貼られている三枚の絵が目にとまり「これは、いつごろの作品ですか？」と訊ねますと「あ、それは子供の描いた絵です」と、返事が返ってきました。作者の安里くんはストーブの前のソファで気持良さそうにゴロゴロしていました。

つづいて台所です。

この台所、料理好きなら、のぞいたとたんに溜め息が出るかもしれません。合理性や機能性を追求した今風の斬新なキッチンのよそよそしく取り澄ました感じ、汚れるのを嫌がっている感じ……が、まったくないのです。実用一点張りのステンレス流しとやや無骨なコンロ、選び抜かれた必要最小限の調理道具、食器棚だって事務用のスチール家具です。そして、それが料理心をそそる格好のお膳立てになっています。いや、どうやら料理心ばかりではなくカメラマンの心もそそるらしく、先ほど書いた、私が眺めて感心した雑誌も表紙はこの台所の写真でした。そうそう、この台所で私が注目したのは、柱と梁の主要な構造材に丸太が使われていることでした。部屋の四隅や天井に白く塗装された丸太が見えているのが、台所全体に、柔らかく優しい印象を醸し出していて、とてもいい感じでした。

台所と並んでいる風呂小屋にも触れておきます。

もちろんこのふたつの建物の間にも軒下空間が挟んであります。仲田さんの話しぶりから、お風呂はちょっとした自信作らしいと感じました。薪で焚く五右衛門風呂のカマドと面倒な煙道の工事も見よう見まねで施工されたとのこと。タイルも塗装

アトリエの一隅。作業台の上に積み上げられた色片やオブジェはいずれは作品の一部になるらしい

主屋の居間。床が上下二段になっていて、上の段にシンボリックにミシンが置かれている。古風なスチールサッシや古い建具が違和感なく再利用されている

台所の一隅。選び抜かれた調理道具と事務用のスチール家具が不思議と調和している

ロフトから見下ろした仲田さんのアトリエ。制作の熱気が室内に充満している。床に飛び散った絵の具はジャクソン・ポロックの作品のよう

アトリエの自作の作品の前で、制作について語る仲田さん

居間入口の扉。塗装した鉄板を風化させコラージュした仲田さんの作品

も清楚な白色でとても気持の良さそうなお風呂でした。

紙面の都合で作業小屋をパスして、最後は工事第一段階の鉄骨プレファブの建物を紹介しましょう。

ここは仲田さんの仕事場《アトリエ》で、床・壁・天井すべてを白色に仕上げた天井の高いワンルーム空間です。壁に掛けられた作品の数々、机や作業台の上や床に並べられた制作中とおぼしき作品、いずれは作品の一部になるであろう塗装された色片の数々、おびただしい画材、本、資料などが部屋中に「美しく散乱して」いました。そして、不思議だったのは、色とモノの氾濫するそのアトリエにいても、少しも騒がしい感じがしなかったことです。赤、緑、黄、紺、それぞれの色は原色に近く強烈ですが、仲田さんの配色の具合によって、色が暴れださないように制御されているということなのかもしれません。そして、ここに来たら、一枚一枚の絵に見入るより、このアトリエの空間全体をひとつの作品として「感じる」べきなのだと思いました。

ひととおり見学を終えてひと息ついたとき、仲田さんに「身体を張って、力いっぱい大工仕事をするのって、楽しいでしょう?」と話しかけますと、即座に「あ、楽しいですよ!」と嬉しそうに答え、半分照れたような笑みを浮かべました。「営巣本能」のおもむくまま、仲田さんがこの場所にどんな建物を建て、敷地全体をどのようなユートピアに育て上げていくのか、今後の変化と発展が大いに楽しみです。

こぼれ話

京都で古い町家を宿泊施設に改修する仕事をしていたとき、近所に西洋の古道具を扱う店がありました。

ぼくは古本屋と古道具屋の前は素通りできないタチなので、吸い込まれるように店内に足を踏み入れたところ、店の中ほどの壁際に間口約1メートル60センチ、奥行き約50センチ、高さ約120センチほどのスチール・キャビネットがデーンと陣取っていました。アメリカ製で、モスグリーンの塗装の表面にいい感じの錆が浮かんでいました。キャビネットには大小さまざまなサイズの引き出しが合計60杯ぐらいビッシリ嵌めこまれていて、ちょうど薬箪笥を拡大してスチール製にしたような感じです。その頑丈一式ヘヴィー・デューティを絵に描いたような佇まいがまことに頼もしいのです。きっとアメリカの田舎町の荒物屋か、自動車整備工場で使われていたものだろうと勝手に想像しました。

ちょうどそのころ、ぼくは自宅の庭の片隅に物置小屋を建てていて、大工道具や工具を整理する棚を探していた時だったので、一瞬「買おうかな？」と思いましたが、天井をひと睨みしたあとで踏みとどまりました。理由は、おそらくそのキャビネットを買っても自分には使いこなすことができないだろうということと、輸送の費用がバカにならないだろうと思ったからです。そして、そのとき、突然、仲田智さんの顔と仕事場が瞼に浮かびました。

仲田さんの住まいと仕事場を取材した後で、どういうわけか、時代がかったスチール家具や、50、60年前に建てられたビルや学校建築に使われていたスチール製のサッシをみると、なぜか、仲田さんを連想するのです。

一瞬、「京都でいいスチール・キャビネットを見つけましたよ！」と、電話しようと思いましたが、そちらも踏みとどまりました。古いスチール家具が好きな仲田さんの心をいたずらに惑乱させるのは謹むべきだと考えたからです。

イラストレーター

葵・フーバーさんの巻

鮮やかな色は見事な配色効果とともに家中にばらまかれています。

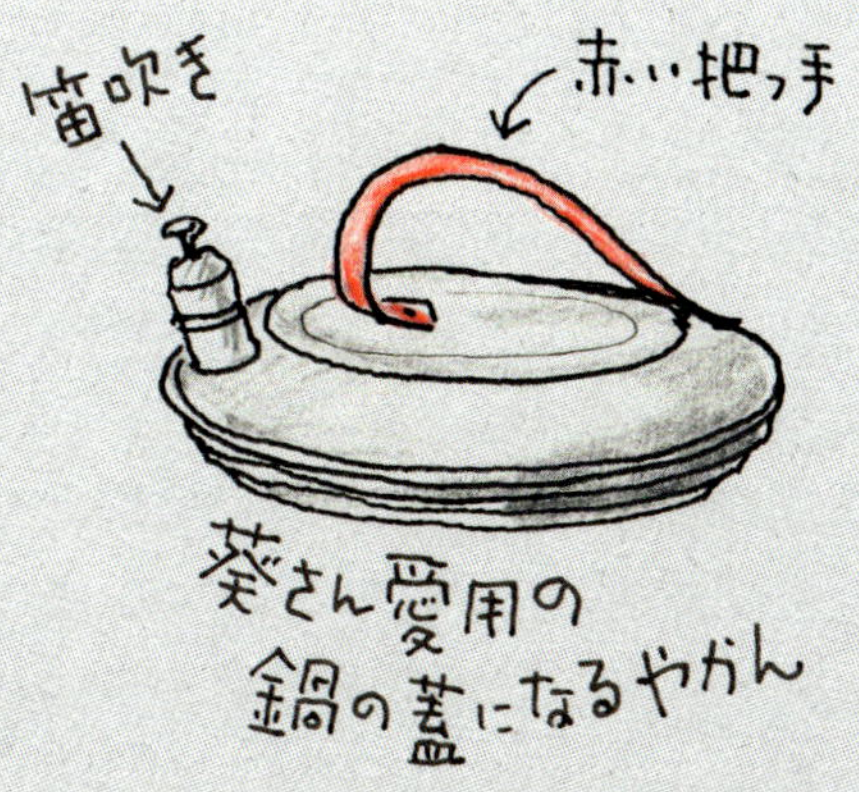
笛吹き
赤い把っ手
葵さん愛用の
鍋の蓋になるやかん

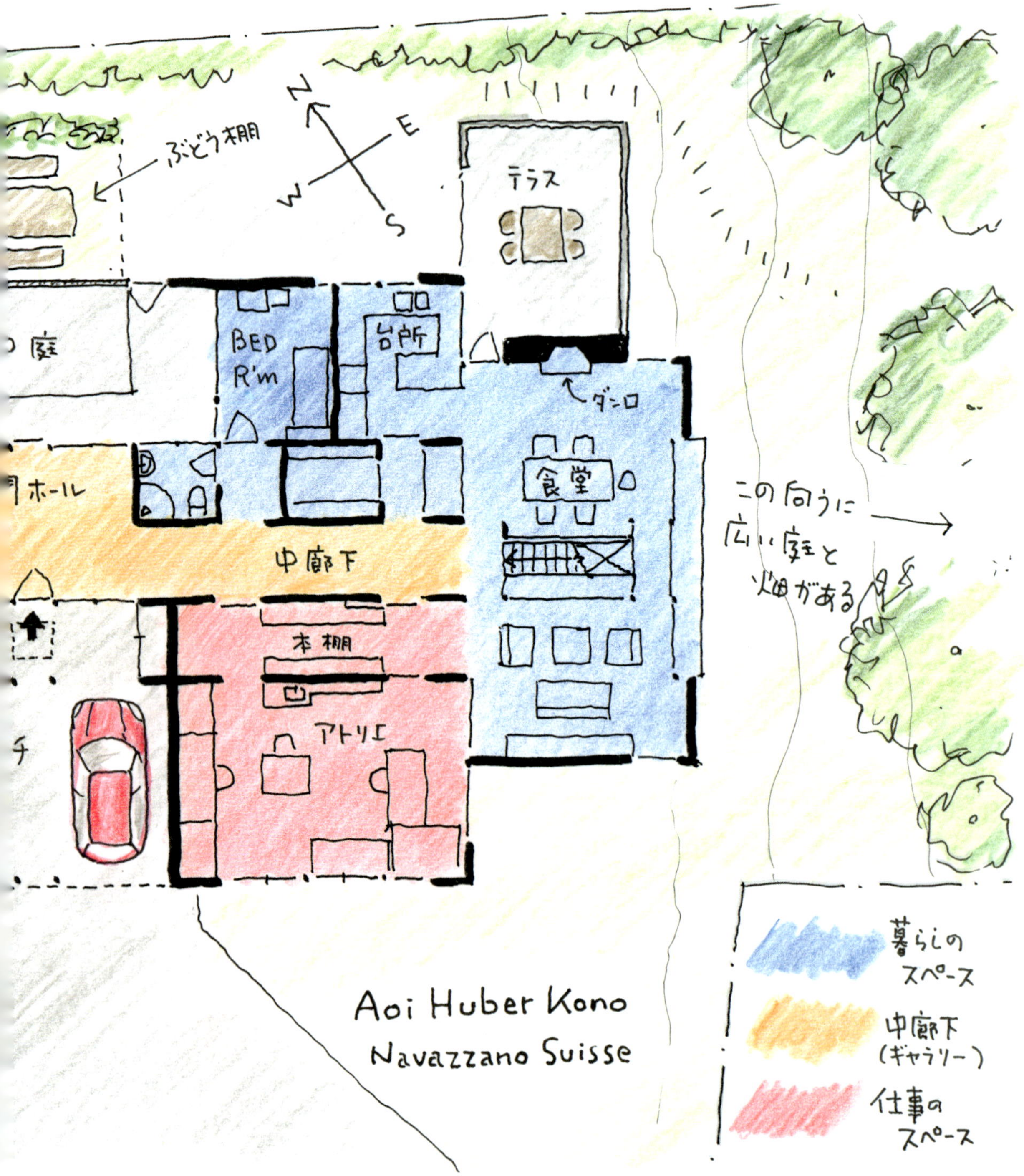

ぶどう棚
N
E
W
S
テラス
の庭
BED R'm
台所
ダンロ
食堂
ホール
中廊下
この向うに
広い庭と
畑がある
本棚
アトリエ
チ
Aoi Huber Kono
Navazzano Suisse
暮らしの
スペース
中廊下
(ギャラリー)
仕事の
スペース

二十代後半から三十代前半にかけて私が働いていた設計事務所には、スタッフのためのキッチン付きの食堂がありました。三階建ての最上階にあったその食堂は、南向きの陽当たりの良い部屋で、窓際には居心地の良いソファが作り付けてありました。また、嬉しいことに、ソファの脇の本棚には、毎月届く外国の建築雑誌とそのバックナンバーがズラリと並んでいました。働きはじめたころは、昼食《おひる》を食べたあと、このソファに座って雑誌のバックナンバーを眺めるのが、私のとっておきの楽しみでした。

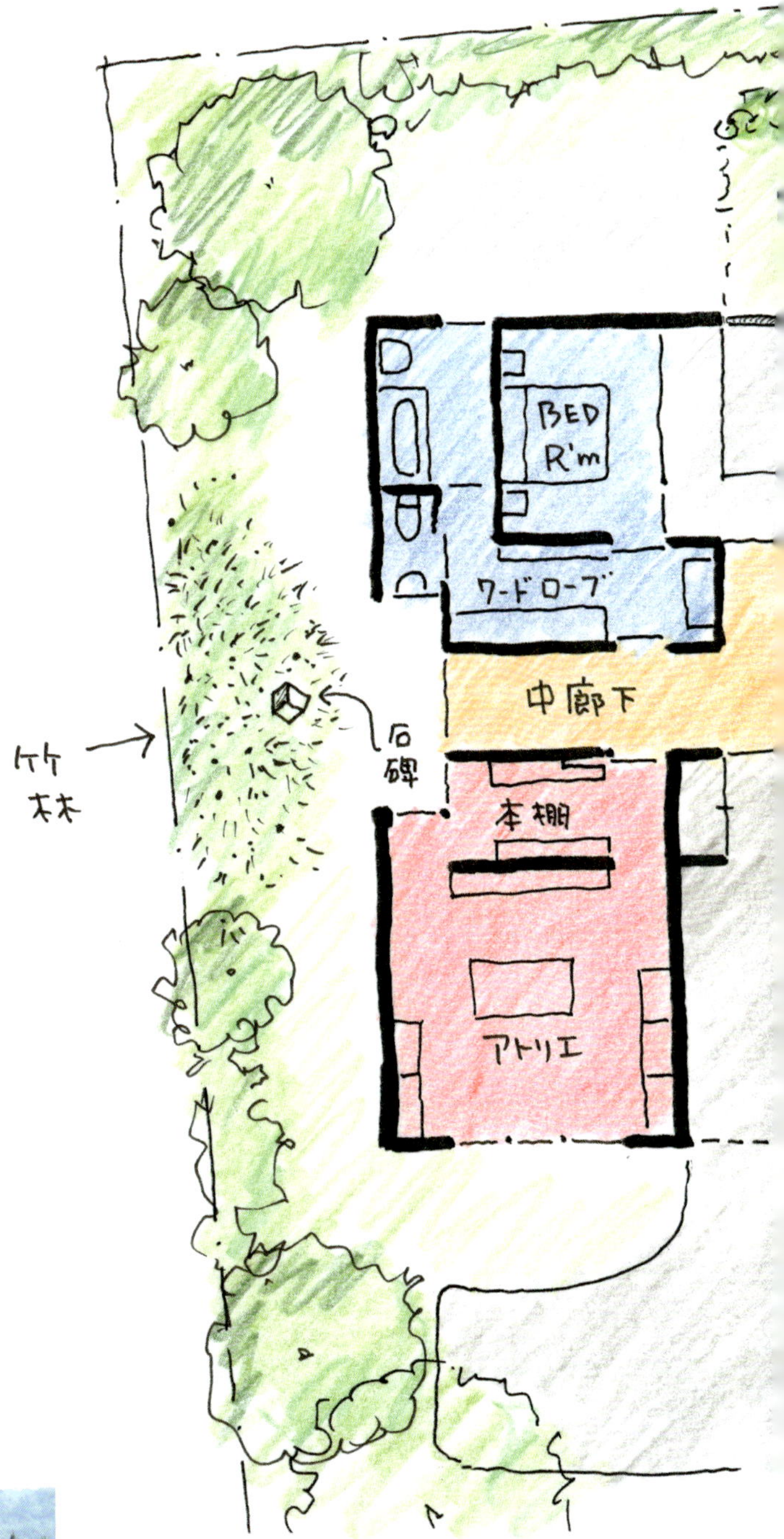

1983年8月の葡萄棚の下での昼食。赤シャツの男性がマックス・フーバーさん、横縞のシャツが葵さん。手前左は妻、右は友人

1983年8月、2度目にサンニョー村を訪問した折に撮影したフーバー夫妻の住まい。イタリア方面に向かって下がるゆるやかな南斜面に建っている

そのとき、私が好んで眺めたのが、『ABITARE』というイタリアのインテリア雑誌です。あるとき、なにげなくページをめくっていた私は、スイスの民家を改修した素晴らしく居心地の良さそうな住まいの載ったページに目を奪われました。そして写真を眺め、キャプションを拾い読みすることで、その住まいがミラノで活躍している有名なグラフィックデザイナーのマックス・フーバーさんと、日本人の奥さまでイラストレーターの葵・フーバーさんの住まいと仕事場であることを知りました。

おふたりの住まいは伝統的な民家の基本的な構造や間取り《プラン》に大幅な改造を加えず、民家のスケール感と雰囲気を生かし、空間の魅力を最大限引き出すことを主眼にした改修のように見受けられました。雑誌のページからは、暗くて使い勝手も悪い民家でも、住み手のセンスと住まい方によって、目を見張るような魅力的な住宅に生まれ変わっている感じが、ひしひしと伝わってきました。しかも、大がかりな工事をした様子がうかがえないことも、私には好ましく思えました。

設計事務所にいた四年間、私は繰り返しこのページを開いては眺めましたが、「いつか、この民家を訪ねてみたい！　この民家に住んでいるおふたりに会いたい！」という想いはページを開くたびに熱く胸を焦がしました。

事務所を辞めて独立した一九八一年、フーバー夫妻と親交の

手前は食堂、半地下に降りる階段室を挟んで奥は居間。友人のアキッレ・カスティリオーニさんの家具や照明器具が使われている

あった建築家からおふたりの住所を教えてもらい、ダメモトで見学依頼の手紙を出しました。すると、驚いたことにわずか一週間ほどで、葵さんから「どうぞ遊びに来て下さい」という嬉しい返事が届きました。私は、その手紙を胸に押し抱くようにしてヨーロッパに旅立ちました。おふたりの住む南スイスにあるサンニョー村に着いたのは三月二十六日、うららかに晴れ上がった早春のお昼過ぎのことでした。山の中腹にあるサンニョー村はスイスといってもイタリアとの国境の町まで車ならわずか二十分ほどの距離で、ミラノも通勤圏です。でも、そんな位置関係を忘れさせるほど、村にはスイスの田舎の雰囲気と風景が残っていました。

おふたりの住まいは、思っていたとおり陽の降り注ぐ村の中にしっくり溶け込んでいました。民家を改修した住まいとアトリエの素晴らしさは、雑誌で想像していた以上でした。マックスさんのグラフィック・デザインも、葵さんの描く絵やイラストレーションも、鮮やかな色とその洗練された配色に特徴がありますが、それらの作品が家の中のそこここに飾られていて、明るく華やいだ祝祭的な雰囲気を作り出していました。そして、それらの作品と響き合い、美しいハーモニーを奏でるように、新旧様々な家具調度や色とりどりの日用雑貨が家中にちりばめられていました。

それから十年ほど経ち、おふたりは山を降りて平地に平屋の家を建てて住むことになりました。サンニョー村は坂道や階段が多いことと、お住まいにも階段があることが、マックスさんには少々負担になってきたのだと思います。このとき、葵さんから私に「新築するアトリエ付きの住宅の設計を依頼したい」という、ありがたいお話がありましたが、スイスの建築法規がややこしいことや、建築家の資格登録のことなどがあり、残念ながらこの話は流れてしまいました。

その後しばらくの間、スイスにおふたりをお訪ねする機会はありませんでしたが、日本に帰国したおふたりが我が家に遊びに来てくれたり、手紙のやりとりをしたり、お付き合いはずっと続いていました。そして、新しい住まいとアトリエが完成して半年ほどして、マックスさんは七十三歳でお亡くなりになりました。バリアフリーにした広々としたお住まいにほんの短い期間しか住めなかったことは、マックスさんにとってどんなに残念だったでしょう。

明るく気持の良いアトリエは主《あるじ》を失ってしまいました。

さて、今回の訪問先は、その葵・フーバーさんのアトリエ付きの住まいです。このお宅には一九九四年に最初にお訪ねして以来、これまでに何回かお邪魔していますが、その年は晩夏の訪問になりました。ミラノ駅から高速バスでキアッソ駅に着いた私たち（今回は妻と友人も同行していました）を葵さんがトレードマークの真っ赤な車で迎えに来てくれました。ちょうどお昼どきだったのでレストランに入り、二年ぶりぐらいの再会

白壁にフラットルーフを載せた建物はひっそりともの静かなたたずまい

中廊下の突き当たりにある竹林の庭には、立方体を斜めに立てたようなマックス・フーバーさんの石碑（お墓）がある

建物を東西に貫く幅広の中廊下。作品を飾るギャラリーになっている。突き当たり正面に石碑が設置された竹林がある

を祝して乾杯。久しぶりに会う葵さんはお元気そうで、変わらない仕草と話しぶり、そして、あの楽しそうな笑い声も健在です。その笑顔に、一瞬、三十数年前に初めて会ったときの少女のような笑顔がフラッシュバックのように重なりました。

　葵さんの住まいは、キアッソの町の郊外にあります。近所に新しい家が建ちはじめてはいますが、あたりはまだ葡萄畑のひろがるのどかな田園風景です。少し下り坂になっている葵さん宅への私道をゆるやかに下っていきますと、白い外壁に平屋根《フラットルーフ》を載せた建物が、忠実な飼い犬のように出迎えてくれました。平屋のせいもありますが、大げさな身振りの少しもないシンプルで清楚な建物。玄関前はフラットルーフに覆われたカーポートで、二台の車が駐車できます。雨や雪の日に、大きな作品を出し入れするとき、この覆われたカーポートは大活躍しているにちがいありません。大きく覆うことで暗くなるのを嫌って、玄関のドアの上部にはちゃんと天窓が設けられていました。この天窓もそうですが、この建物には必要なものが、必要なところに、さりげなく設けられています。あまりにもさりげないので、もしかしたら、何度も泊めてもらいながら、私の気づいていない建築的な工夫が他にもあるにちがいありません。

　その「さりげなさ」は、間取りについても言えます。この家は、わざわざ平面図を見るまでもなく、この家に足を踏み入れ、ひとあたり巡り歩いたことのある人なら、簡単な平面図が描けるほど簡素で明快な間取りです。そして、じつはこの間取りが、この建物の特徴であり、見どころなのです。「簡素と明快」は

構造や工法にも及んでいて（あるいは構造・工法の明快さが間取りに及んでいると言った方が良いかもしれません）建物全体が綺麗に割り切れているような、一種の「風通しの良さ」があります。そしてその構成の主軸となっているのが、玄関ドアを入るといきなり左右に横一文字に伸びる広々とした中廊下です。一・八メートル幅のこの廊下は作品を飾るギャラリーにもなっていて、小美術館的な愉しさも味わえます。それだけではなく、玄関ドアの正面はその廊下が膨らんでゆったりしたホールになっています。さらにそのホールに連続して外部には中庭がひろがっていて、いっそう広々とした雰囲気が生まれています。

明快な間取りの妙味は図面を眺めて味わっていただくとして、ここで特筆しておきたいのは、非常に理詰めに設計された建築的な建物を、葵さんが完全に自分のセンスで住みこなしていることです。葵さんのセンスと書きましたが、ここにはマックスさんの気配もはっきり感じられます。この建物の空気の中に今もマックスさんはしっかり生き続けているのです。

先ほど私は「マックスさんのグラフィック・デザインも、葵さんの描く絵も、鮮やかな色とその洗練された配色に特徴があ

玄関を入って右手にある南向きの広々としたアトリエ。この空間にいると「色」という名の「音」の音楽に浸っているような気分になる

近所のイタリアンレストランでのランチのひとこま。
葵さんはこのレストランのメニューもデザインしている

アトリエの机の上。色とりどりの画材や文房具が整然かつ美しく
配置されていて、この机そのものが葵さんの作品になっている

思わず見とれてしまうアトリエの一角

ります」と書きましたが、鮮やかな色は見事な配色効果とともに家中にばらまかれています。壁にピンナップされたメモも、仕事机の上に並べられた画材や文房具（既製品のティッシュ・ペーパーの箱の柄まで！）もそれ自体が作品なのです。仕事の道具だけではなく家具も、照明器具も、台所用品も、生活雑貨のあれこれも、椅子の張り地やタオルやシーツなどのファブリックも、色と形の美しいものだけが選ばれ、家の中の要所に、なにげなく、それでいて巧みに配されることによって、家全体がまるごとひとつの作品に昇華しているのです。

一九九四年、初めてここを訪れたとき、サンニョー村の民家にあった空気がそっくりそのまま引っ越してきていると思いましたが、今回の訪問でもそのことを強く感じました。

伝統的な民家から現代的な建築に容れものは変わっても、好きな色と好きなモノたちに囲まれて、愉しく仕事し、日々を慈しみながら暮らす、という中身は少しも変わっていなかったのです。

アーティストの暮らしが制作活動と分かちがたく溶け合って、「生活の芸術」というもうひとつの別の作品を作り出している好例……とご紹介したら、読者にもこの住宅兼仕事場《アトリエ》の持っている朗らかな雰囲気を伝えることができるかもしれません。

こぼれ話

　葵さんとマックス・フーバーさんが南スイスのサンニョー村に住んでいたころ、葵さんとは手紙でやりとりしていました。スイスは郵便事情が異常に良くて葵さんからの航空便は中三日ぐらいでぼくの手元に届くのでした。そのころぼくが住んでいた日吉（横浜市）とスイスの山中の小さな村の距離のことを思い浮かべると驚くべきことですし、お隣りのイタリアの郵便事情と比較するとまったく信じられないことです。たとえばそのころ、フィレンツェから友人に宛てて航空便で出した絵はがきが1か月半後にやっと届いた、ということがありましたし、結局、配達されなかったということもあったのですから、「中三日」は、「奇蹟！」あるいは「天使の仕業！」としか表現のしようがありません。

　さらに驚くべきことは、葵さんの住所というのが、6831 Sangno Suisse たったそれだけだったこと。スイスの鄙びた山村ですから、住所は「スイス国　何々県　何々郡　何々村大字《おおあざ》辺鄙　字《あざ》不便」ぐらい長ったらしくてもよさそうなのに……。

　ところで、葵さんはとても筆まめな人で、ぼくはこれまでに沢山の手紙や葉書や小包を頂戴しています。読みやすい字で書かれた宛名は、綺麗な切手の色と相まって絵画の小品のように愛らしく、しばらくの間、呆然と眺め入ってしまうのが常でした。

　数年前、北京で創業300年を誇る「栄宝斎」という書道用品の専門店で朱色の罫の入った木版刷りの美しい便箋をおみやげに買い求め、葵さんにプレゼントしたことがあります。すると、一週間もしないうちに、葵さんからその便箋にしたためたそれはそれは素敵な礼状が届きました。スイスの卓越した郵便事情は今でも健在のようです。

彫刻家

上田快さん、亜矢子さんの巻

アーティストにとっての住まいは「生き方の姿勢が、かたちとなって見えるもの」だからかもしれません。

上田快さん自作
愛用の石頭《せっとう》

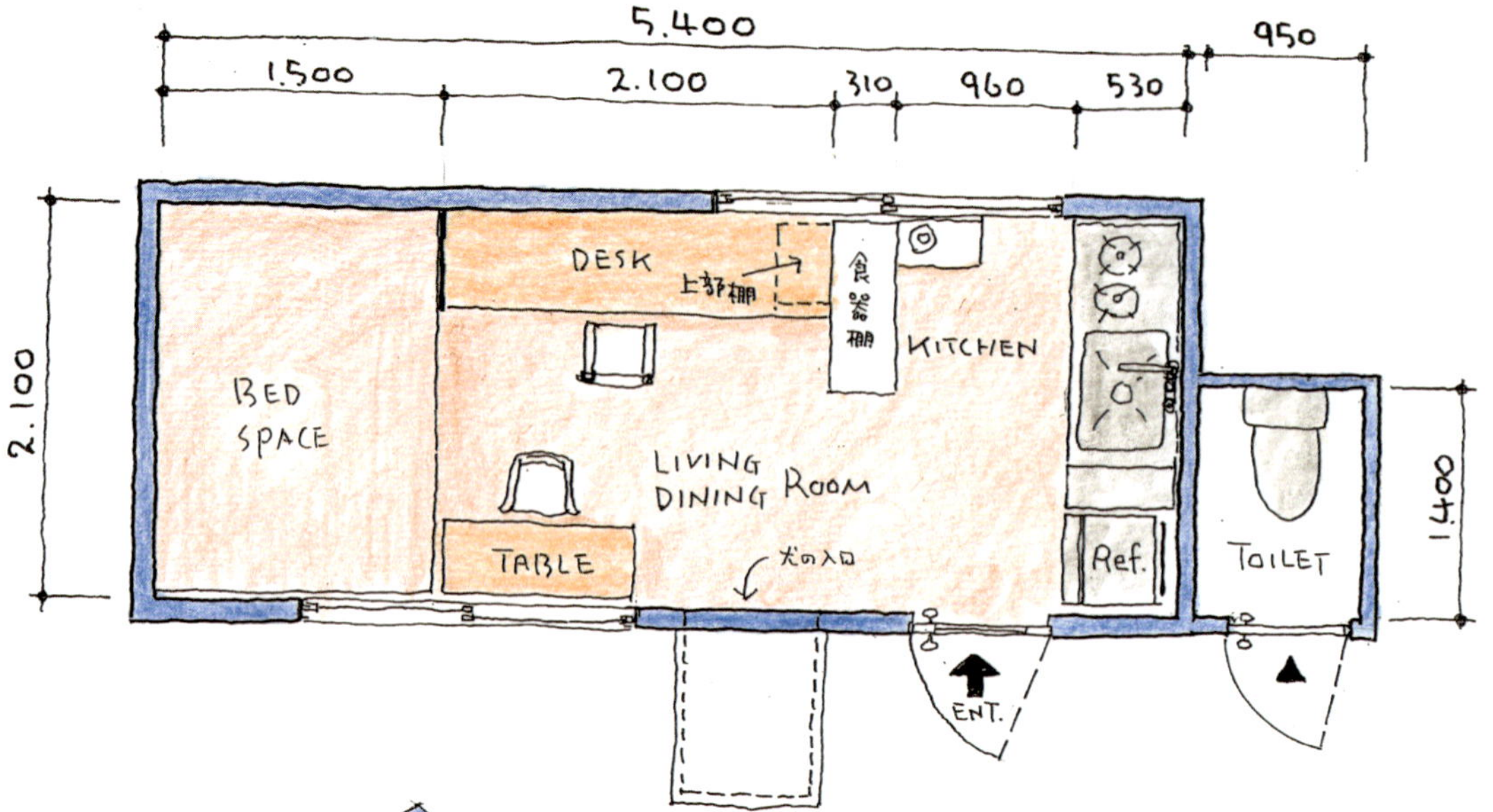

5.400
1.500
2.100
310
960
530
950
2.100
1.400
DESK
上部棚
食器棚
KITCHEN
BED SPACE
LIVING DINING ROOM
TABLE
犬の入口
Ref.
TOILET
ENT.

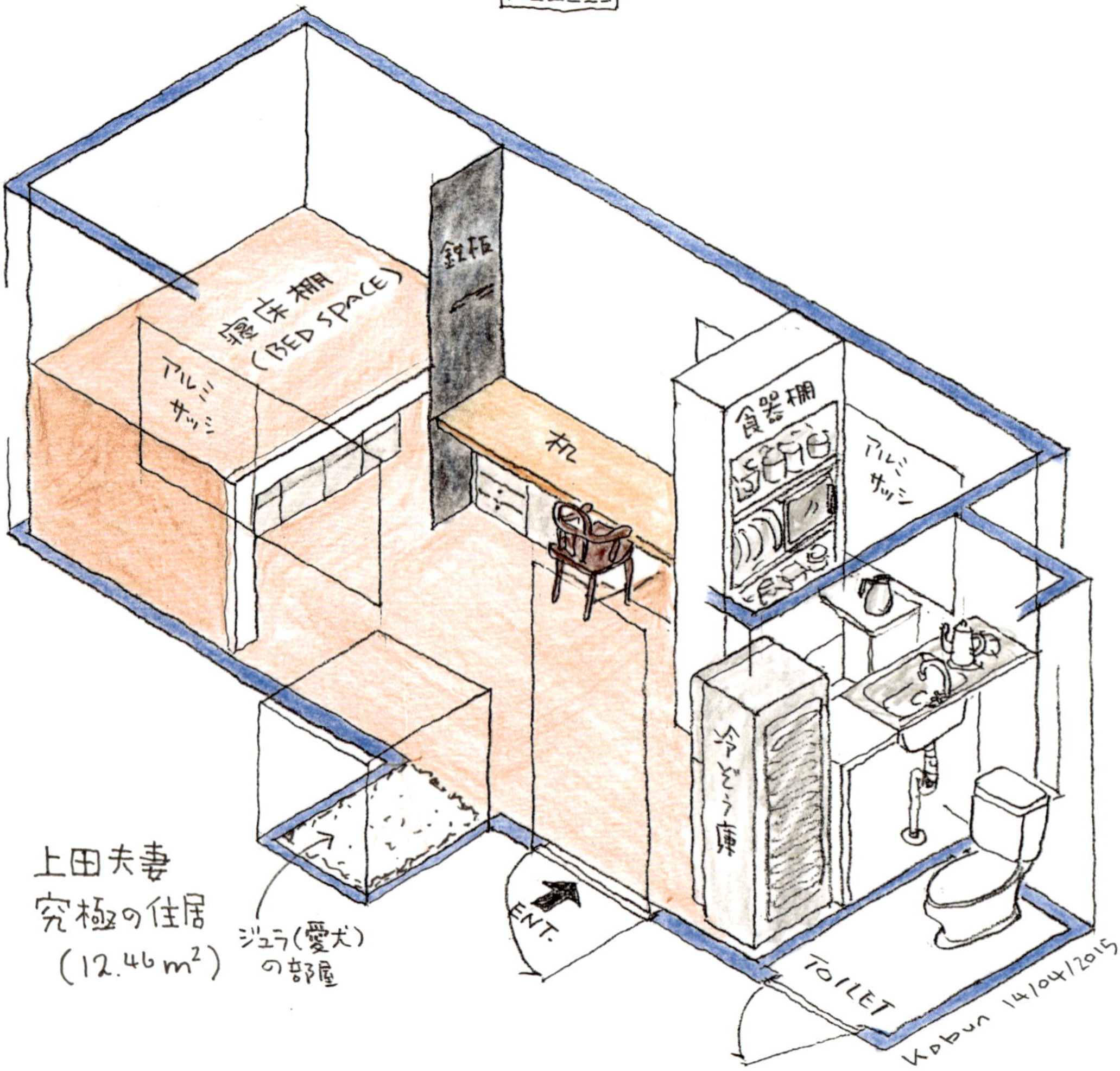

鉄板
寝床棚 (BED SPACE)
アルミサッシ
机
食器棚
アルミサッシ
冷どう庫
ENT.
TOILET
上田夫妻
究極の住居
(12.46m²)
ジュラ(愛犬)の部屋
Kobun 14/04/2015

おふたりそろって石の彫刻家である上田さん夫妻のアトリエと住まいは山梨県の北杜市にあります。

二か月ほど前、取材依頼の電話をしますと、電話に出た亜矢子さんはちょっと驚かれた様子で「え、うちですかぁ？　家は、まだできてないし、いつできるか分からないんですけど……」と、怪訝そうなお返事でした。でも、じつは私は家ができていないことを承知の上で電話していました。上田夫妻の現在の住まいぶり、暮らしぶりを知っている知人が「あのおふたりの住まいと暮らしぶりは、潔くて素敵ですよ」と教えてくれたので、取材にかこつけてその潔い暮らしをぜひ見せてもらいたいと考えたのです。建築家の住まいは完成していないと真価が分かりにくいものですが、アーティストの住まいは工事中でも、見るべきところ、学ぶべきところがたっぷりある……というのが、私がこの連載で学んだことのひとつでした。

建築家にとっての住まいはそれ自体が作品ですが、アーティストにとっては作品は作品としてほかにあり、住まいは作品ではなくて、ある意味では「生き方の姿勢が、かたちとなって見えるもの」だからかもしれません。

というわけで、なかば強引に押しかけた格好になってしまいましたが、上田夫妻は大らかな態度で迎えてくれました。私は以前からギャラリーで開かれた二人展などでおふたりの作品は存じ上げていましたが、直接お目にかかるのは今回が初めてでした。

さて、この夫妻のふわっとした独特の雰囲気を読者にどう紹介したものでしょう。

まず、おふたりに共通しているのは、穏やかな表情、ゆったりした話し方、静かな物腰です。「似たもの夫婦」と言ってもいいし、「仲のよい兄妹」を見ているようだと言ってもよさそうです。でも、いちばんよく似ているのは世の中の常識や約束事にとらわれない浮き世離れした「自由自在感」かもしれません。それでいて裡には揺るぎのない芯を秘めていることが会話の端々から感じられるところもそっくりでした。

紹介がちょっと長くなりましたが、夫妻の人となりが、あますところなく「住まいとアトリエ」に投影されているように思え、最初におふたりの印象を予備知識として読者に知っておいてもらうと、これから書くことがすんなり理解してもらえると思ったのです。

上田夫妻の家は、JR長坂駅から車に乗って、田畑の脇を通り過ぎ、森や林の間を通り抜ける田舎道を走ること十五分ほどのところにあります。さきほど「浮き世離れした」と書きましたが、そこはまさにそんな感じのする場所でした。どうやら山林を切り開いて建物を建てる場所を確保したらしい敷地で（といってもどこからどこまでが敷地なのか分かりませんが……）全体は緩やかな斜面になっています。森を背にした一画に工事途中の鉄骨の柱と梁の骨組みや、車の修理工場のような二層分の建物や、コンテナのようなものや、現場小屋みたいなものが、離れたり、連なったりして建っています。それぞれは思い思い

森の中に折板屋根を載せた赤い鉄骨の柱列が浮かび上がる。奥の一部分が壁で囲まれ、アトリエ兼書斎になっている

森の木立を背景にすっくと伸び上がる白い十字架。簡素なアルミサッシにすぎないのに、シレン夫妻の《森のチャペル》や、《ルイス・バラガンの自邸》を想起させる意味深長な窓

の工法と思い思いの素材でできているので、表情はまちまちで、ここには大らかな「自由自在感」が漂っています。

最初に見学させてもらったのは、車の修理工場のようなアトリエ棟にある小部屋です。ここはおもにデスクワークをしたり、石を彫刻するための道具や本などを置くために使われている部屋だそうですが、入口前の狭《せば》まったところを肩をすぼめるようにして通って入るせいか、入ったとたんにポカーンと抜ける白い吹き抜け空間に迎えられてキツネにつままれたような気持になりました。ここに、こんな部屋があるとは思いもよらず、心の準備のないまま部屋に入ってしまったからです。

「こんな部屋」と書きましたが、本当は「こんな静かな部屋」、あるいは「こんな神聖な部屋」と書くべきでした。森に面した壁に縦長の窓がひとつ、その前に木製の机、反対側の壁にはロフトに上がる鉄板をジグザグ型に折り曲げただけの快さん作の階段。部屋の片隅にはガラスの小窓の付いた円筒型の簡素なストーブがあり、薪が気持よさそうに燃えている様子がうかがえました。じつは、快さんとお喋りしながらこの部屋に入ってきた私は、部屋に足を踏み入れたとたんに沈黙し、姿勢を正していました。この部屋に漂う特別な空気がそうさせたのです。次の瞬間、私の脳裡に浮かんだのは「チャペル」という言葉です。そう、この言葉ならこの部屋の気配をたったひとことで表現できるのです。そして、もしかしたら、上田夫妻もそのつもりでこの部屋を作ったのではないかという考えが頭に浮かびました。というのは、さきほど書いた窓が上下二段になっていて、無目（中桟）の横のラインと、引き違い建具の召し合わせの縦のラインが見事な十字架を生み出すように作られていたからです。十字架を持つこの窓から森の様子を見ていた私は、フィンランドのオタニエミにあるカイヤ＆ヘイッキ・シレン夫妻の設計した有名な《森のチャペル》を思い出さずにはいられませんでした。ぼんやり、そんなことを考えていますと、快さんがジグザク階段を作った時の苦労話を聞かせてくれました。それを受けた私がこのタイプの階段を作るときの簡単で構造的にも強い方法を指南したりしましたが、その階段の話をしながら心の中で「あ、そうだったんだ！」と、思わず膝を打ちました。この部屋で思い浮かべるべき建築家はシレン夫妻だけではなく、

ほぼ二層分の高さを持つアトリエ。大型の「自動シャッター」は上田夫妻が奮発して設置したご自慢の部材。
左隅にチラリと見えるスペースが亜矢子さんが小品を制作するアトリエ

前出の十字架の窓で《ルイス・バラガンの自邸》を連想したのは、同じ部屋にこの「ルイス・バラガン好み」の階段があったから

もうひとり大物がいたのです。

察しのいい読者なら、もうお気づきかもしれませんね。そう、ここで思い浮かべるべきは、《ルイス・バラガンの自邸》だったのです。上田夫妻に質したわけではないので、私のまったく見当外れの推測かもしれませんが、私としては、この部屋は上田夫妻のルイス・バラガンへの遥かなオマージュだったのではないかと睨んでいます。

次に見学したのは快さんがおもに大型の石の彫刻を制作しているアトリエです。ここは、石を叩き、削り、磨く作業をするところなので、半屋外の空間です。ガッチリとした鉄骨造の骨組みにスチール製の折板屋根が載せられ、ところどころに折板屋根と同じ断面のポリカーボネートの屋根が嵌め込まれているので、雨の日でも照明が要らないぐらいの明るさでした。厳冬期や風雨・風雪の強い日は開口部に取り付けた大型シャッターで閉ざすことができます。その大型のシャッターは電動式でその電動式というところが、どうやら上田夫妻のちょっとした自慢らしく、亜矢子さんは「このシャッターは『自動式』なんですよ」と「自動式」に力を込めて説明してくれた上、実演までしてくれました。

自慢といえば、ここでは快さんが石を叩くお手製でご自慢の石頭《せっとう》ハンマーを見せてもらい、なぜそれがいい道具なのか熱っぽく語ってもらいました。道具を撫でさすりながら語られたその話と、嬉しそうな顔には、彫刻家というより石工《いしく》の面影がの

ワンルームの室内の様子。奥に見える白い「寝床棚」の上に布団を敷く方式。ふと、子供のころ押入で遊んだ記憶が蘇る

台所の一隅。手作りの棚に白を基調にした簡素な食器類や台所用具が整然と収納されている

ぞいていました。

上田夫妻が住まいにしている建物はアトリエ棟の向かい側にあります。もともとは現場小屋などで使われる軽量鉄骨とパネルでできたプレファブ小屋で、トラックに積んできてクレーンで吊り降ろせば、一件落着（一軒落着？）という至って簡素な箱形建築です。

サイズは、長さ五四〇〇×幅二一〇〇×高さ二二〇〇ミリで、これに九五〇×一四〇〇ミリのトイレが付いています。延床面積は一二・四六平方メートル、畳でいえば八畳弱です。この中に上田夫妻が日常生活を送るために必要なものすべてが詰まっているのです。とりわけ、台所はシンプルな食器類や美しく使い込まれた鍋やフライパンが効率よく収納されていて、思わず見惚れるほど素敵でした。

ところで、この住まいは「最小限住居」というより「究極の住居」と表現したほうが適切かもしれません。この面積に日々の暮らしに必要なもの全部を詰め込んだら、モノで溢れかえって身動きが取れなくなりそうに思いますが、室内を見まわすとそれなりに広がりもあり、充分に快適そうなのがじつに不思議です。しかし、私が目を瞠ったのは、その極限的な住居のサイズや、限られたスペースを手玉にとって巧みに住みこなす能力だけではありません。この簡素きわまりない住まいに「食う寝るところ住むところ」という人間の暮らしと住まいの本質を的確に言いあてた言葉が、ピタリと重なり合うそのことでした。こ

アトリエで上田夫妻から石頭ハンマーの講義を聴く

石に潜んでいる美しい形態を粘り強い作業で発掘する亜矢子さんの小品

石頭ハンマーを振るって大きな石の塊を刻む快さんの作品

の住まいは、《鴨長明の方丈》、《ヘンリー・ディヴィッド・ソローのウォールデンの小屋》、《ル・コルビュジエの休暇小屋《キャバノン》》など、古今東西の小屋の名作に較べても遜色がない……どころか、勝るとも劣らないものだと、私はただただ感心しながら、いつまでも室内を眺めまわしていました。

最後に、軽やかな鉄骨の柱と梁がむき出しになっている作りかけの建物について触れておきます。完成した暁にはここが夫妻の住まいになるとのことですが、現在は一部分だけが壁で囲まれていて、快さんのアトリエ兼書斎になっています。ここもまた、最初に訪れた部屋によく似たチャペル的な静寂が支配していました。高い天井に開けられたふたつの天窓から柔らかな自然光が、本棚や、部屋の奥行きいっぱいに作り付けられた作業机の上に降り注いでいました。本棚の脇にチェロのケースが置かれているのに気づいた私が、「これは、どなたが？」という意味を込めた眼で快さんを見ると、快さんから「あ、私が弾くんです」という答えが返ってきました。

「楽器のある部屋は懐かしい」と書いたのは永井荷風ですが、楽器には部屋の品格を引き上げる不思議なオーラも備わっているような気がします。そして、チェロといえば、いつも私の耳元には、バッハの『無伴奏チェロ組曲』の力強いメロディが流れるのですが、ふと、傍らにあった譜面台をのぞくと、なんと！その『無伴奏チェロ組曲第二番ニ短調』の譜面が載っていました。

こぼれ話

『INAX Report』の「Architect at Home」と『LIXIL eye』の「Artist at Home」の連載を通算すると、この上田快さんと亜矢子さんの回は32回目にあたりました。

……ということは、その同じ回数だけ取材してきたことになるのですが、驚くべきことにそれまでの取材で一度も雨にあったことがないのです。あるときは、真冬に旭川まで出掛けて行きましたが、前日まで吹雪の悪天候が続き、予報では取材当日も吹雪。取材どころか飛行機の欠航を危ぶんだほどでしたが、当日になってみたら雲ひとつない冬晴れで、穏やかな取材日和になった……なんて、奇蹟みたいなことも起こりました。そんなことが何度もあったので、ぼくはもちろん、編集者の森戸さんも、カメラマンの相原さんも、取材日のお天気のことはまったく意に介さなくなっていました。「取材日はもちろん晴天、悪くても薄ぐもりということにしましょう」と、空模様はこちらで勝手に決めていたのです。ところが、油断大敵！ 上田夫妻の取材では、しとしと降り続く冷たい春雨に見事にたたられてしまいました。

天候はともかく、取材と撮影はトントン拍子に進みました。ひとつだけ心残りだったのは、工房の裏手にある桜の大木の開花には少々時期が早すぎたこと。

「桜の花盛りは、ホント、見事なんですよ」と亜矢子さんも残念がりました。

その話があってから２週間ほど経ったころ、森戸さんから撮影済の写真が送られてきましたが、なんと、工房の背後は新緑と混ざり合った花盛りの桜で彩られていました。

相原さんが頃合いを見計らって再撮影に行ってくれたのです。

リュート奏者

つのだたかしさんの巻

自分の手がけた家をそこに住む人たちが、慈しみ、愛おしみながら住みこなしているのを目のあたりにすることぐらい嬉しいことはありません。

Lute

繊細にして優美な音色も
さることながら楽器そのものの
姿形(フォルム)の美しさと
いったら‥‥

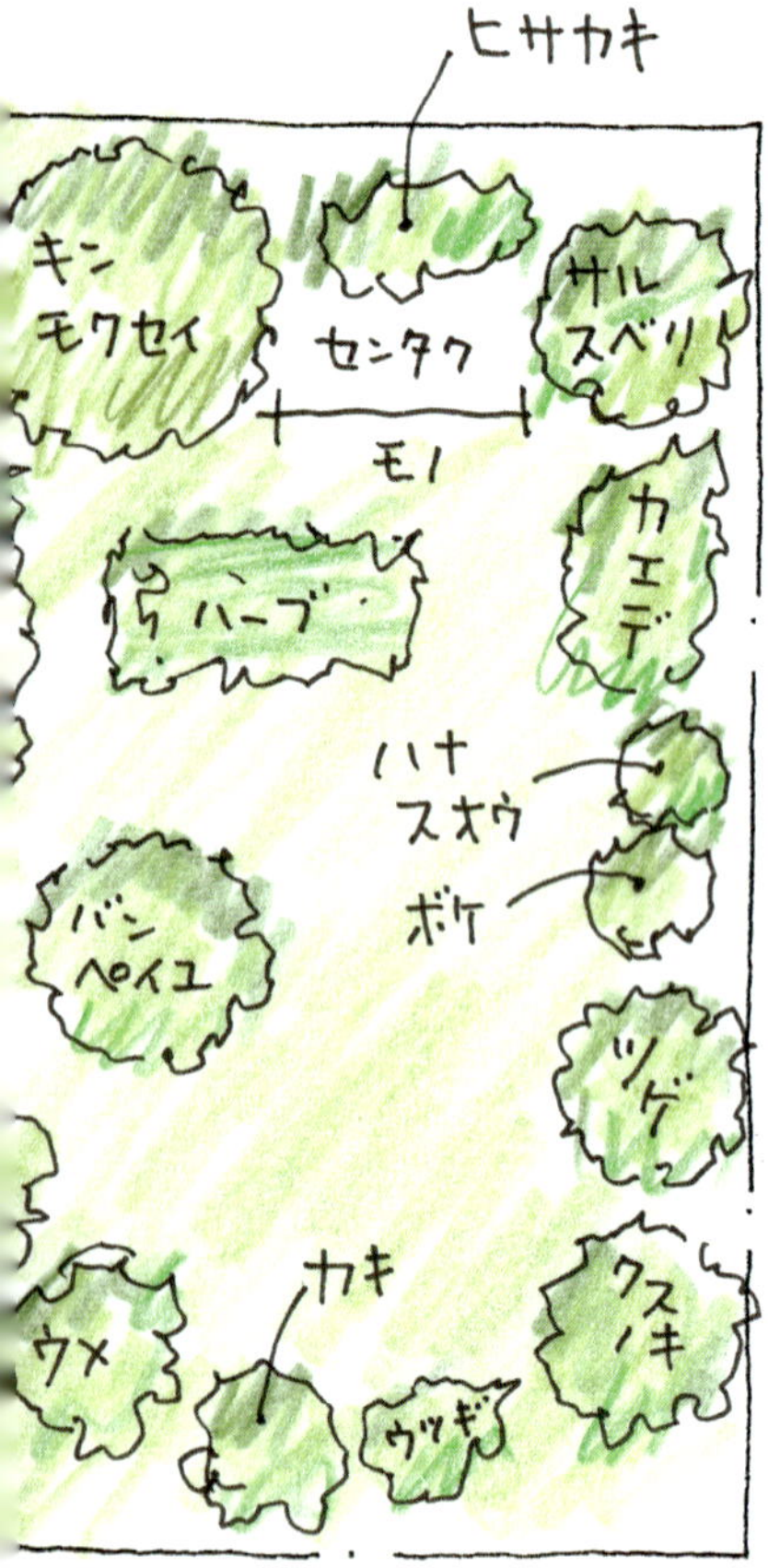

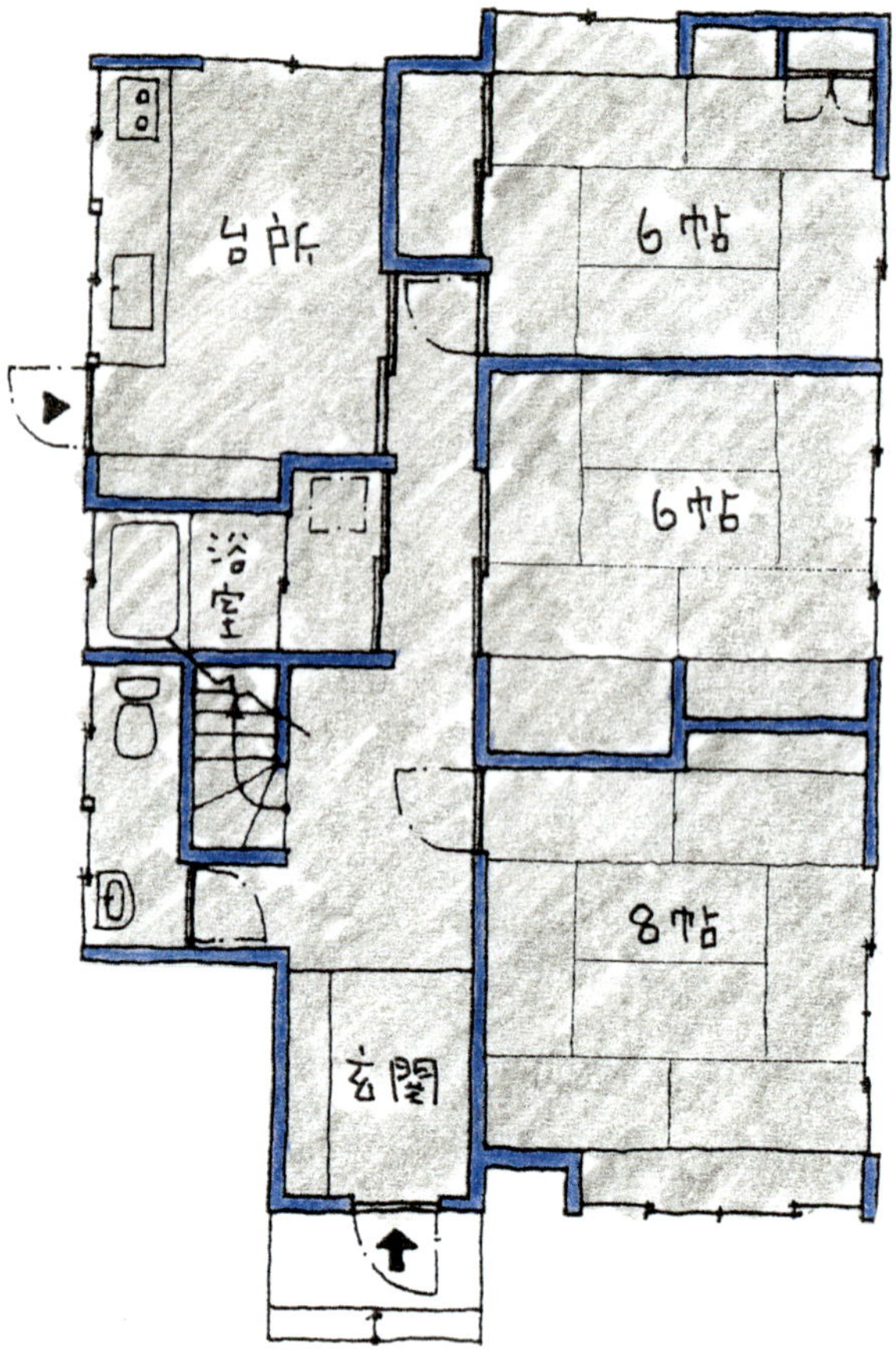

改修後の
つのだハウス
1階平面図
(2階は省略)

改修前の古家
1階平面図

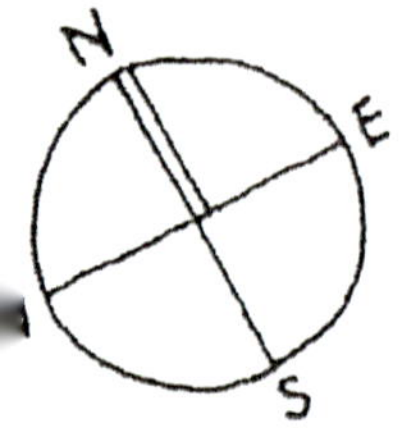

幅が 180 センチある広々とした廊下と玄関ホール

遊歩道を歩く人の視線からちょっと外れた位置にある玄関。左右の袖壁と大きな庇に覆われている

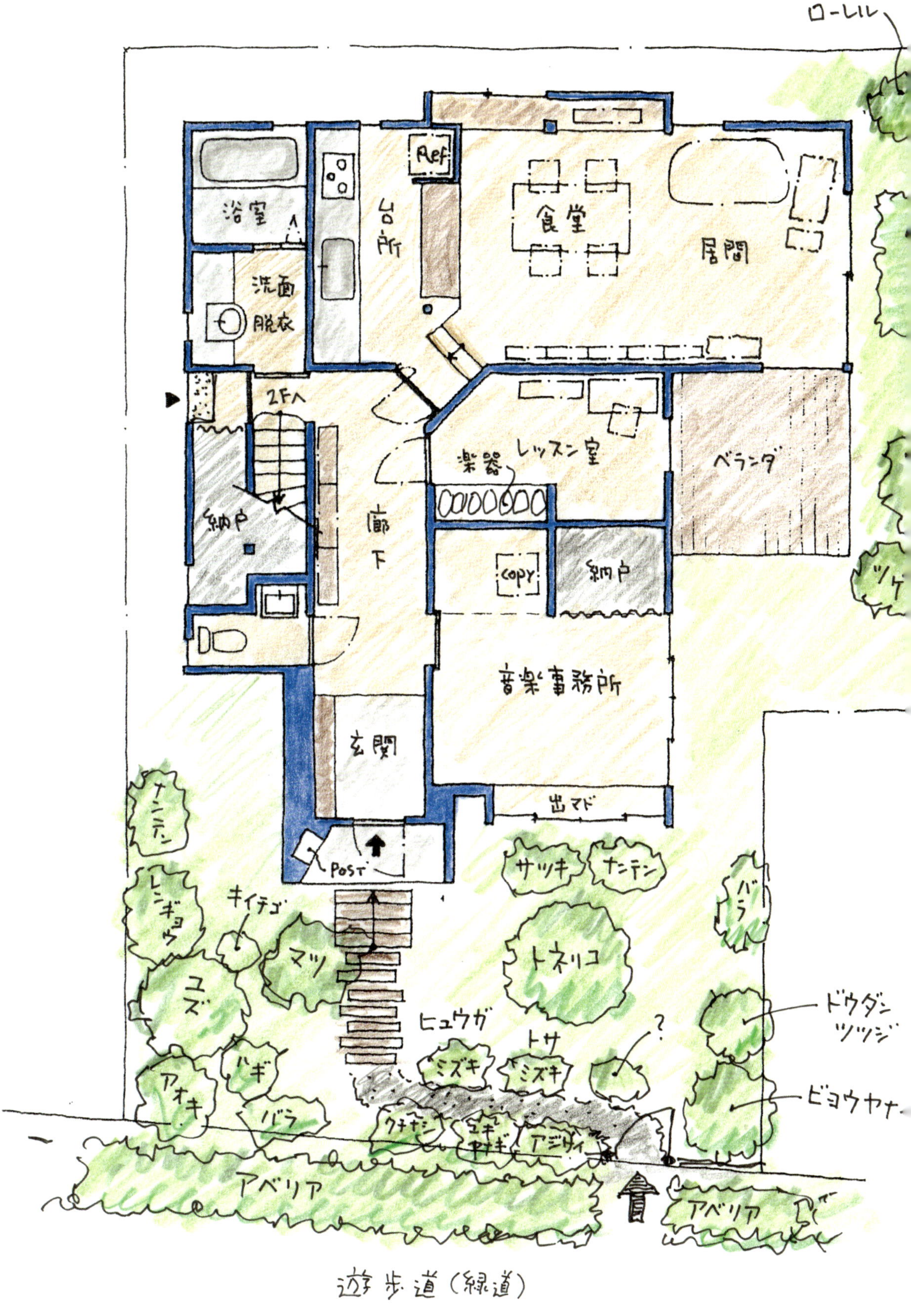
ローレル
浴室
台所
Ref
食堂
居間
洗面
脱衣
2Fへ
レッスン室
楽器
ベランダ
納戸
廊下
COPY
納戸
音楽事務所
玄関
出マド
POST
ナンテン
サツキ
ナンテン
バラ
レンギョウ
キイチゴ
マツ
トネリコ
ユズ
ヒュウガ
ミズキ
トサ
ミズキ
ドウダン
ツツジ
アオキ
ハギ
バラ
クチナシ
ニシキギ
アジサイ
ビヨウヤナ
アベリア
アベリア
遊歩道（緑道）

先日、久しぶりに大学時代の友人たちと居酒屋で会いました。しばらく雑談に興じていましたが、ふと、友人のひとりが真顔になってこう言いました。

「最近、俺ねぇ、自分の生涯を振り返ってみて、あぁ、あのことは結局モノにならなかったなぁ、と思うことがあるんだけど、みんなはそういうこと、ない?」

そして、その友人は、社会人になってから英会話をマスターしようといくつもの英会話スクールに通って勉強していたと打ち明けました。しかし、結局、その英会話をマスターできず、悔しく思っていると言うのです。「今さら、どうにもならないけどさ」と、寂しげに笑いながら。

そう言われてあらためて自分の来し方を思い起こすと、ありました、ありました。私にもそういうことがいくつもありました。そして、そのことが苦い挫折感とともに心の底に淀んでいたことに気づいたのです。

たとえば、子供のころから音楽が好きだった私は、なにか楽器(それも、できれば古楽器)を、巧みに演奏できるようになりたいというひそかな願望を持っていました。でも、二年間ほど個人レッスンを受けていた縦笛《リコーダー》も、結局、モノになりませんでしたし、教本と睨めっこで自己流に練習していたクラシックギターも途中で投げ出してしまいました。ギターを始めたころは、まず、クラシックギターをある程度弾けるようにしてから、しかるべき先生に弟子入りしてリュートを学ぼうと夢見ていたのですが、肝心の基礎となるギターがモノにならなかったので、夢ははかなく消え去ってしまいました。

そんなわけで、二十数年前、友人宅のホームコンサートでリュート奏者のつのだたかしさんの演奏を間近に聴いたときは、羨望を通り越して、嫉妬の炎が胸を焦がしました。

ところが、演奏後のパーティでつのださんが無類の歌好きで、専門の古楽以外に、昭和歌謡やオールディーズのヒット曲に精

(上)廊下からステップを2段降りたところにある食堂と居間。東南に広々とした庭を望む居心地の良い部屋。窓際の椅子はデンマーク製で、つのださん愛用のうたたね椅子
(右下)居間・食堂と廊下を仕切る大きな回転扉は軸吊りで、90度開くと扉の両側を通ることができる
(左下)廊下から食堂を見る。ステップを降りる幅広の回転扉の陰にゆったりしたキッチンがある

通していることと、興が乗ればそのたぐいの歌をこぶしを利かせて披露してくれることが判明したとき、羨望と嫉妬は雲散霧消し、一方的に親近感を覚えたのでした。そのときから私とつのださんとの愉快な付き合いが始まりました。

やれやれ、また前置きが長くなってしまいました。今回の訪問先はそのつのださんのお宅です。

つのだ夫妻の家は、東京の西郊、西武多摩湖線の沿線にあります。住まいが桜並木の遊歩道に面しており、あたりに緑地が多いため、まだ武蔵野の面影が色濃く残っています。古楽器の演奏家の住まいとしては理想的な環境かもしれません。八年ほど前、つのだ夫妻はこの場所に建っていた古家《ふるや》を買い取り、全面的な改修工事をして住まいと仕事場にしました。古家と書きましたが、もともとあった家は四十数年前に建てられた質素な（というより粗末な）造りで、間取りが今の暮らし向きでないのは仕方がないとしても、部分的に壊してみると、土台と柱の下部がシロアリにやられて大きく欠損していたり、屋根にも壁にも床にも断熱材が入っていなかったり、必要な箇所に柱がなくて、ただでさえ貧弱な梁に荷重がかかり過ぎているなどの構造的な欠陥があったりして、家としては間取り的にも、構造的にも、性能的にも問題だらけでした。このため、改修は文字通り「基礎からやり直す」大規模な改修工事になりました……と、ここまで書いたらもうお察しいただけますね。この改修設計と工事監理は私の事務所で手がけました。

工事内容をもう少し正確に言えば「増築」と「改築」ということになります。どんな増改築だったかは、図面を参照していただければ一目瞭然ですが、工事は建物の仕上げ材や間仕切りをすべて取り払い、いったん柱と梁の骨組み状態にして、現状の問題点を総点検するところからスタートしました。新築工事は事前に図面や模型でじっくり検討してから現場に乗り込むことができますが、改修工事はそういうわけにはいきません。現場で次々に発覚する問題点や不測の事態に臨機応変に対応し、即断、即決して工事を進めなければなりません。音楽にたとえると、楽譜通りに演奏するクラシック音楽ではなく、ジャズのセッションのように、その場の気分にふさわしい音楽をアドリブで演奏していく反射神経とセンスが必要なのです。理屈をこねる前に体と手が動く実務的（実用的といってもいいと思います）なタイプが向いているということになるでしょうか。

改修後の新居には、居間、食堂、台所、水まわりと、寝室ふたつ（主寝室と息子さんの部屋）など、いわゆる住宅としての用途のほかに、リュートを演奏するレッスン室と、奥様の主宰している音楽事務所のオフィスが必要でした。一、二階合わせて三十二坪の床面積にこれだけの用途を盛り込むのは至難の技ですから、しばし腕組みして天井を睨んだり、現状の平面図を眺めて腕をさすったりしていますと、「予算が限られているので贅沢は言えないけれど……」と、一応、遠慮がちなそぶりを見せつつ、つのだ夫妻から具体的な要望が出てきました。分かり

居間から食堂と台所方向を見る。左手に廊下から降りてくるステップが見える

食堂側の奥行きの浅い収納には、中里隆さんはじめ、名だたる作家の徳利やぐい呑みがギッシリ。明日からでも居酒屋が開けそう

窓の外には武蔵野の面影を宿した雑木と雑草の庭が広がる。つのだ夫妻が目を細めて外猫（そとねこ）たちを眺めるのに最適な窓

台所の一角。シンクの下台は墨染め塗装してある。正面は通風と外の様子をうかがうための縦長窓

やすく箇条書きにすると次のようになります。

1. レッスン室は演奏に集中できるように静謐な空間にしたい。
2. 楽器を置けるスペースがたっぷり必要。
3. 料理好きで夫婦揃って台所に立つので、台所は「それなりの広さ」が望ましい。
4. 食器がたくさんある上、これからも増えそうなので食器の収納を充実させたい。
5. 大人数の来客に備えて居間・食堂は大らかな空間だと嬉しい。
6. その大らかな空間に、ときおり大人数が集まって楽器を奏でたり高歌放吟したりするので防音に配慮してほしい。
7. だんだん歳を取るので二階の寝室に上がる階段の勾配はできるだけ緩やかに。
8. 玄関の靴収納の充実。
9. ゆったりした洗面台まわりと、湿気のない浴室。
10. 勝手口があるとなにかと便利そうね。

まだ、そのほかにも色々あり、最後に……「工事費は格安に！」というトドメの要望が付いていました。

あらためて要望のひとつひとつを読み返すと、コンサートなどの演奏活動以外は家にいる時間が長く、日々の暮らしを大事にするつのだ夫妻ならごくあたり前の要望ばかりで、どれもこれも無理難題というわけではありませんでした。ただ、それらを限られた面積と、限られた予算の中におさめるのがたやすくなかっただけで……。なかでも要望5の「大らかな空間」を現状の床面積から捻出するのがちょっとした難問でした。あれこれ悩んだあげく、結局、庭側に六畳分ほど下屋《げや》のかたちで増築することで解決しました。そして「大らかな空間」を実現するためにその増築部分を含む居間・食堂の床全体のレベルを一階のほかの床から三十センチほど下げることで、ゆったりした天井の高さを確保しました。

はっきり意図したわけではありませんが、できあがってみると、玄関から真っ直ぐに伸びるホール的な廊下を辿り、大きな回転ドアを開け、右斜めに回り込んだところで緩い階段を踏みしめて居間に降りていくシークエンスの変化が、ちょっと芝居がかっていて、空間の繋がりとして面白くなったように思います。別な表現をすると、この一連の「道行き」で、意識が居間に流れ込んでいく感じになり、この家ならではの居心地が生まれたのです。

じつはこうしたことは、改修工事が終わってからも、私がことあるごとにこの家を訪れていて気づいたことです。そして、同じように気づいた中でいちばん大きなこと、いちばん大切なことは、この家が、つのだ夫妻によって上手に着こなされていることかもしれません。家が、つのだ夫妻の暮らしの体型と生き方の姿勢にフィットしてきて、誰のものでもないつのだ夫妻の「住まい」になっているように感じるのです。そして、そのことを感じるにつけ、つくづく家というのは、そこに住む人た

（左）部屋のあちらこちらにつのだ夫妻のコレクション（お宝？）が飾られていて、訪問者の眼を楽しませてくれる

こじんまりしたレッスン室でリュートを奏でるつのださんと演奏に聴き入る私。なんとも贅沢なマンツーマン・コンサート

古い箪笥の上に置かれている古今東西の金属の小物コレクション。つのださんは掘り出し物を見つける名人でもある

ちの暮らしのための容器だと思います。私は建築を学ぶ学生たちや若い建築家向けの講演会などで、「住まいには、住み手の人柄と生活習慣と趣味嗜好のすべてが、あますところなく詰まっているものだ」と言ったり「そこに住む人の全人格、全人生を、まるごと放り込める容器のことを住まいと呼ぶのだ」と話したりしますが、つのだ夫妻の暮らしぶり、住まいぶりを見ていると、そのことをひしひし感じるのです。

おそらく写真からその雰囲気を感じていただけると思いますが、つのだ夫妻は、自分たちが日々愛用している食器や、日常的に楽しんでいるDVDやCDや、大切にしている絵画や彫刻やアンティークの品々や、愛読書や楽器のコレクションを、家の中のしかるべき場所に、自分たちの好みのやり方でしつらえて、いかにも居心地良さそうに、愉しそうに暮らしています。

自分の手がけた家をそこに住む人たちが、慈しみ、愛おしみながら住みこなしているのを目のあたりにすることぐらい嬉しいことはありません。私が「建築家冥利に尽きる」という言葉を実感をもって噛みしめるのは、こういう家を訪問するときです。

こぼれ話

つのだ夫妻とぼくの付き合いのひとこまを紹介したいと思います。

つのださんのお宅の改修工事が終わったころ、まだ木の香の漂う新居で年越しをしたことがありました。

今でも忘れられないのは、この大晦日の夜、つのださんが愛蔵しているサミー・デイヴィス Jr. のデビュー 60 周年を祝うパーティの映像を一緒に観たことです。

パーティが開かれた 1989 年の晩秋には、サミー・デイヴィス Jr. は喉頭癌で声を失っていました。パーティは闘病中の彼を友人知人たちが寄り集まって励ます会でもありました。そして、友人知人というのが、フランク・シナトラ、ディーン・マーチン、ホイットニー・ヒーストン、クリント・イーストウッド、グレゴリー・ペック、スティービー・ワンダー、クインシー・ジョーンズ、エラ・フィッツジェラルド……などなど、そうそうたる顔ぶれで、その面々が次々に登場してはウィットとユーモアに富み、サミー・デイヴィス Jr. に対する友情と愛情のこもった感動的なスピーチをするのです。聴き入るサミー・デイヴィス Jr. の目にあふれてくる涙もカメラは見逃しません。

なにを隠そう、ぼくもつのださんも涙脆《なみだもろ》いほうですから、ふたりして、ハンカチとティシュペーパーを握りしめ、食い入るようにこの映像を観ました。

そしていよいよ感極まったのは、マイケル・ジャクソンが霧の中から浮かび上がるように登場して、尊敬する大先輩であるサミー・デイヴィス Jr. に向かって「You Were There」というマイケル自身がこの日のために作詞作曲した曲を熱唱したときです。

歌の最後に「ぼくはここにいる、あなたがそこにいてくれたから……」というフレーズを万感の思いを込めて唱い上げた時は、ぼくもつのださんもこみ上げる嗚咽をこらえることができませんでした。

テキスタイルデザイナー

真木千秋さんの巻

地機《ぢばた》と呼ばれる簡素きわまりない機は、真木さんの染織精神を象徴する小神殿のように思えました。

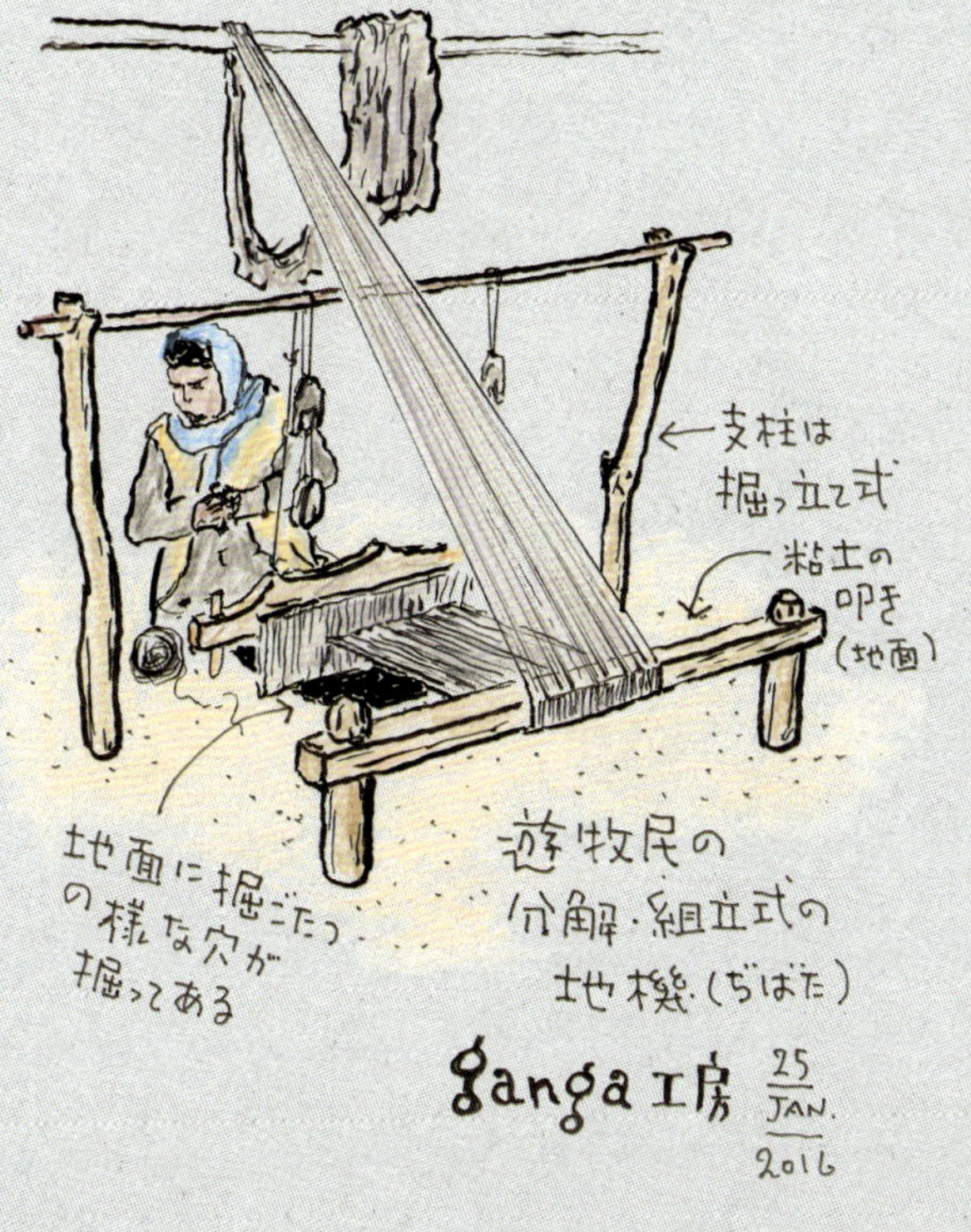

←支柱は
掘っ立て式
粘土の
叩き
(地面)
地面に掘ごたつの様な穴が掘ってある
遊牧民の
分解・組立式の
地機(ぢばた)
ganga工房 25 JAN. 2016

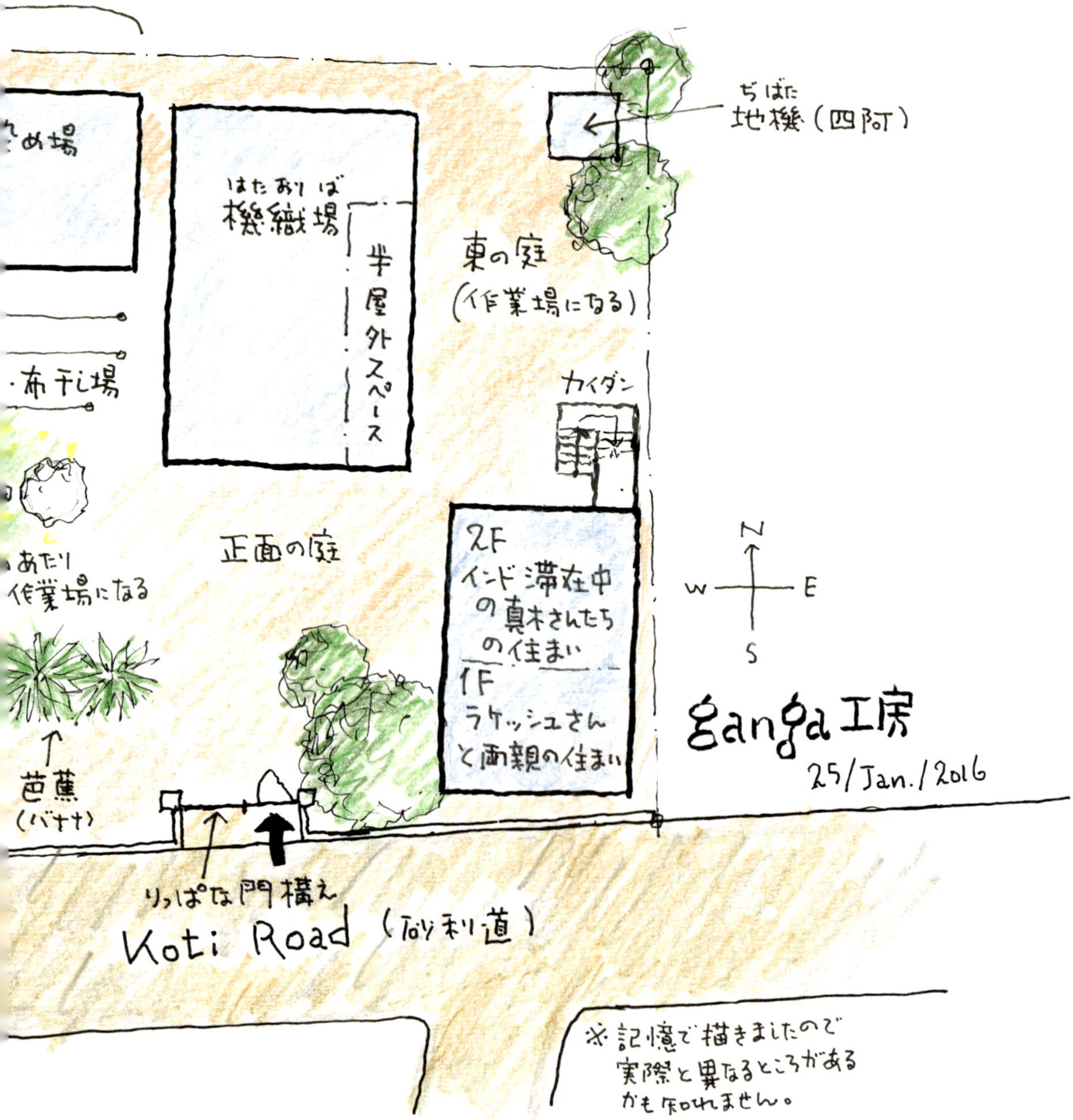
め場
機織場《はたおりば》
半屋外スペース
東の庭
(作業場になる)
地機《ちばた》(四阿)
カイダン
布干し場
正面の庭
あたり
作業場になる
2F
インド滞在中の真木さんたちの住まい
1F
ラケッシュさんと両親の住まい
N
W
E
S
Ganga工房
25/Jan./2016
芭蕉
(バナナ)
りっぱな門構え
Koti Road (砂利道)
※記憶で描きましたので
実際と異なるところがある
かも知れません。

二〇〇一年の冬、私が初めてインドを旅したときのことです。

ある日、デリーのホテルの六階にあるレストランでテキスタイル・デザイナーの真木千秋さんたちと朝食を食べていますと、突然、グッラ、グッラと建物が揺れ出し、煉瓦造の建物全体がミシッ、ミシッと不気味な音を立てて軋《きし》みはじめました。ウェイターが青ざめた顔で「地震、地震！ すぐ逃げて！」と英語で叫び、階段室を指さしました。私たちは「それっ」とばかりに地上まで一気に階段を駆け降り、さらに建物が崩れ落ちたときに下敷きにならない場所まで避難して揺れの収まるのを待ちました。

震源地はアーメダバードのあるグジャラート州で、地震の規模はマグニチュード七・七だったそうです。グジャラート州全域で死者二万人を超える大きな災害になりました。

言い忘れましたが、このときの私の旅の目的はアーメダバードにあるル・コルビュジエ設計の《サラバイ邸》を訪問することでした。当初の予定では、私は地震の前々日の夜にアーメダバードに入ることになっていたのですが、《サラバイ邸》を案内してくれることになっていた女性の都合で、急遽、予定を三日ほど延ばしていました。そして、この予定変更のおかげで大地震に巻き込まれず、危うく「命拾い」したわけです。

この大地震で空路も陸路も絶たれ、結局、このとき私はアーメダバードには行けずじまいで帰国しました。

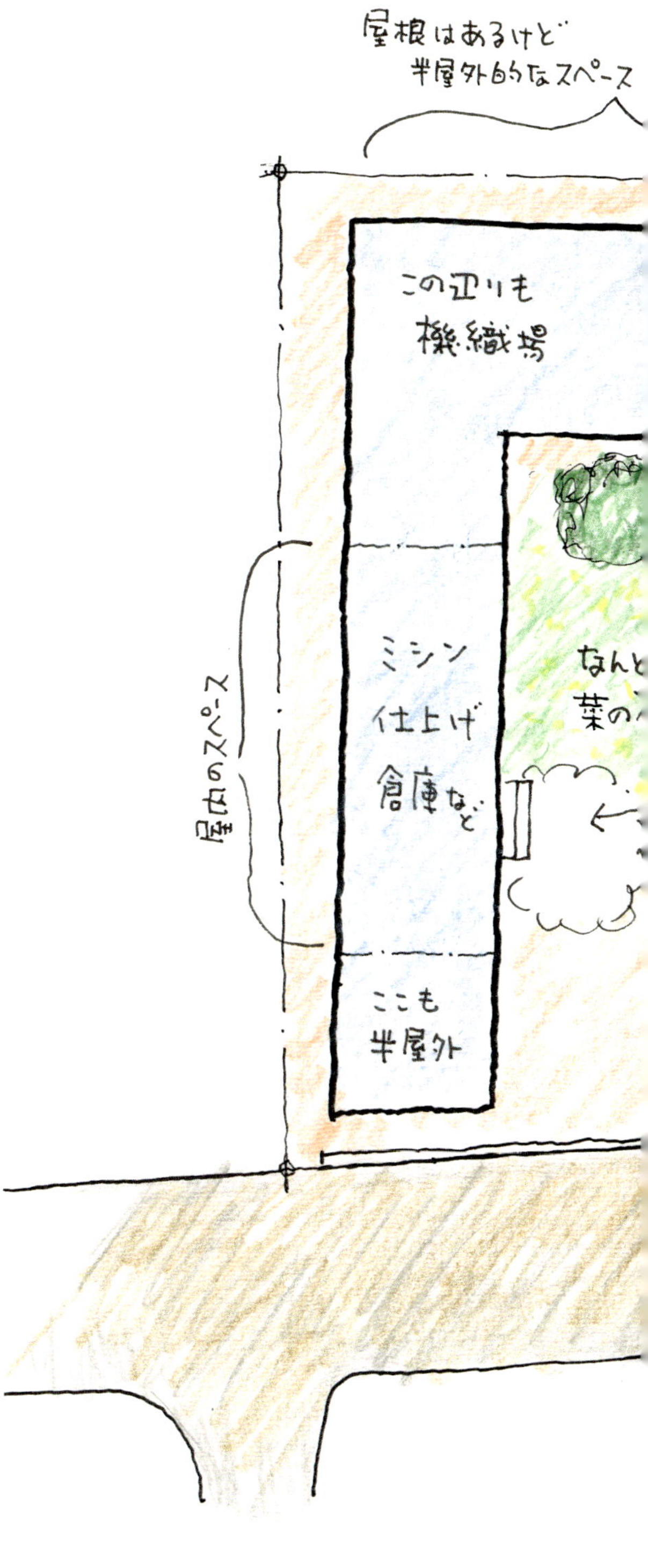

敷地全体を「コの字」型に囲むように染織作業に必要な建物が配置されている。波板屋根と簡単な腰壁で囲んだ半屋外的なスペースと庭が一体になって有効に使われる

半屋外の作業場はいつの間にか庭に繋がっていく。気持の良い季節は庭も仕事場になる。菜の花をバックに糸巻き作業をする男女

真木さんはそのあともデリー通いを続けて、地元の職人たちと、独特の色彩と風合いを持つ真木テキスタイルスタジオならではの草木染めの手織りの布と、その布で仕立てた衣服や袋物《ふくろもの》などの小物を作り続けていました。

真木さんを見ていていつも感心するのは、その軽やかな「フットワーク」です。いや、「フットワーク」というより「神出鬼没ぶり」と表現したほうが適切かもしれません。

「今ごろの季節、真木さんはインドにいるんだろうなぁ」と噂していると、「今夜、真木さんのトークイヴェントがあるので、よかったら来ませんか?」とギャラリーのオーナーから声をかけられたり、突然「先週から西表《いりおもて》で新しい布を織っています。ちあき」という葉書が届くといった具合(真木さんはとても筆まめな人です)。

そして、そのようにして「インド」と、「西表」と、日本の拠点の「あきる野」の工房で染めたり織ったりした布や、仕立てた服が、全国各地のクラフトギャラリーやデパートの催し物会場に、涼やかに、華やかに並ぶのです。もちろん真木さん自身もその布たちと一緒に店頭に並びます。

二〇一〇年、真木さんは、大気汚染がひどく、空気がどんどん悪くなる一方のデリーから制作の拠点をヒマラヤのふもとのデラドゥンに移しました。デラドゥンには真木テキスタイルスタジオのスタッフ、ラケッシュ・シンさんの両親の家があり、その敷地内の《ガンガ工房》が真木さんのインドでの制作の本拠地になったのです。

今回、ここで取り上げるのは、真木さんの仕事と暮らしが渾然一体となった《ガンガ工房》ですが、その前にちょっと寄り道して、現在、デラドゥンで進行中の真木テキスタイルスタジオのプロジェクトを紹介しておきたいと思います。

真木さんがデラドゥンに移って二年後の二〇一二年、真木さんは《ガンガ工房》から車で十五分ほどの山裾に、新工房と住まいを構えるのに良さそうな三千五百坪の土地を手に入れました。

折も折、乃木坂のTOTOギャラリー・間《ま》でビジョイ・ジェイン氏率いるスタジオ・ムンバイの展覧会が開かれていました。真木さんとパートナーのぱるばさん(名前は風変わりですが日本人です)はこの展覧会を観にいき、たちまちその仕事ぶりと作品に魅せられ、新しい工房の設計をこのビジョイ氏に依頼しようと決めたのです。そして、ビジョイ氏に連絡したあとで、私に知らせてくれました。

じつは、私は、スタジオ・ムンバイの仕事を二〇一〇年のヴェネツィア・ビエンナーレ国際建築展の会場でつぶさに見学して感銘を受け、職人集団と二人三脚でモノづくりをするその姿勢に大きな共感を覚えていましたから、この話を聞いたとき、即座に「スタジオ・ムンバイなら、大賛成!」とふたりに伝えました。

ビジョイ氏設計による真木テキスタイルスタジオの新工房と住まいの建設プロジェクトは二〇一二年に始まり、「着々と」というより、インドだけに「牛のあゆみ」で進んできました。

二〇一五年の春ごろ、真木さんと電話で話したとき「年末には完成するって聞いてたけど、どんな具合?」と軽い気持で訊ねますと、「それが、遅れ遅れなの、もし見にきてくれるなら、年明けのほうがいいかも……」という返事。

スタジオ・ムンバイの仕事は、私はもちろんのこと、私の事務所のスタッフにとっても関心の的であり、憧れの的です。こうした電話のやりとりを耳をダンボにして聴いていたスタッフ一同から「連れてってオーラ」が陽炎《かげろう》のように立ちのぼり始めました。

こうなると仕事は手につきません。そして「よし、研修旅行ということにして、見学に行こう!」と、二〇一六年一月末、スタッフと友人の総勢十七人は勇んでデラドゥンに向かったのです。

予想したとおり、工事現場には、ゆったりとした「悠久のインド時間」が流れていました。完成どころか、まだ壁の立ち上がっていないところや、屋根の架かっていないところなどもあり、スタッフと思わず顔を見合わせ「やっぱりね」と、うなずき合いました。

話をもう一度、今、現役で稼働中の《ガンガ工房》に戻しましょう。

デラドゥンに到着した翌日、真木さんの招きで《ガンガ工房》を訪ねました。先ほど書いたように、ここは、もともとはラケッシュさんの両親の住まいですが、敷地内はインドにおける真木テキスタイルスタジオの工房になっています。真木さんとぱるばさんがインドに滞在するときの住まいは、両親の住んでいる

(上)東側の庭先にインドにおける真木テキスタイルスタジオの仕事内容を紹介するディスプレイ台が設えられている。奥に見える四阿の中に遊牧民の分解・組立式の地機がある
(右下)半屋外の建物の中の染場(そめば)。この場所なら薪を燃やしても煙がこもらないし、干し場と直結しているので便利。粘土で作った大・中・小の「かまど」と、大・中・小の「鍋」が微笑を誘う

主屋の二階です。

　この日、真木さんはインドにおける真木テキスタイルスタジオの仕事内容を我々一行に説明するために庭先に台を設え、その上に数種類の野蚕の繭玉をはじめ、色とりどりの絹糸、綿糸、麻糸、羊毛の糸、そしてそれらの糸で手織りした布や、仕立て上がった布製品などを綺麗にディスプレイして、小一時間ほどレクチャーしてくれました。

　真木テキスタイルスタジオの染織の仕事の特徴をひとことで言えば「手仕事による一貫作業」ということになるでしょうか。絹織物を作りたいと思ったら蚕を飼って繭から糸を引き、その蚕を飼うために桑の樹を植林して育て、藍染めするために藍を栽培する……といった具合です。それぞれの作業には何百年も前から続いてきた伝統的な手法（称賛をこめて「前近代的な手法」と表現したいと思います）が脈々と引き継がれているのも大きな特徴と言えるでしょう。その言葉のはしばしからは手仕事に対する「畏敬の念」と「敬愛の念」がひしひしと伝わってきます。そして、その仕事について語るときの真木さんの的確で懇切丁寧な解説は見事と言うほかありません。染織の世界について知識らしい知識を持ち合わせていない建築分野の我々にとって、染織の世界が目の前に大きく拓かれていくような、有意義なひとときでした。

　講義が終わったあとで、真木さんに工房内の作業場をガイドツアーしてもらいました。

　工房全体は「この仕事にはこの場所」という具合にゾーニングされていて、それぞれの持ち場ではインド人の男女スタッフが黙々と自分の仕事に専念していました。もの珍しいせいもありますが、その手作業のひとつひとつと、働いている人たちの熟練の手わざから目が離せず、ついつい見入ってしまうのでした。

　染織は、絹糸や綿糸や麻糸を作ったりする仕事から始まって、それを染める仕事、染め上げた糸を機《はた》にかけるための整経《せいけい》の仕事、織の仕事、織られた布の手触りと風合いの加工をしたり、端を整えたりする仕上げの仕事、縫製の仕事……といった具合に仕事の内容が多岐にわたり、それぞれにそれなりのスペースが必要ですから、居住スペース以外は、門を入った正面と東側にある庭を含めて二百坪ほどある敷地全体が仕事場という感じになっていました。

　今、庭を含めて仕事場と書きましたが、真木さんが染織のレクチャーをしてくれた東側の庭の片隅に、畳でいえば四畳半ぐらいの四阿《あずまや》のような可愛い建物が建てられており、中に作り付けられた機で中年の女性が織物をしていました。このあたりにはまだ羊を追って生活する遊牧民がいるそうですが、彼らは地面に掘りごたつのような穴を掘り、丸太とわずかな角材で組み立てた機で織っているそうです。その地機《ぢばた》と呼ばれる簡素きわまりない機は、分解・組立式で、遊牧のために移動した先で組み立てて機織りするとのこと。私には、庭の片隅にあるこの建物が、真木さんの染織精神《スピリット》を象徴する小神殿のように思えました。

地機と呼ばれる分解・組み立て式の原始的な機。織り手は地面に掘った穴に掘りごたつに入るように座って機織りをする

日だまりに足踏み式の紡毛機（ぼうもうき）を出して羊毛を紡ぐ女性

大型の機で広幅の布を織る男性の機織り職人。インドでは機織りは男性の仕事

仕上げ室内部の様子。女性の仕事場らしいあたたかく和らいだ空気に包まれていた

ディスプレイ台にズラリと並べた蚕、繭、糸、布。そのひとつひとつについて興味尽きない解説をする真木さん

（上）沙羅双樹の葉っぱで作ったお皿に盛りつけた、チャパティ、ラディッシュサラダ、アチャール（ピクルス）、2種類の豆のカレー、芥子菜の蒸し煮など。どれも美味しくて2度、3度、お代わりする
（左）ラケッシュさんの作ってくれた賄いランチは本格的な北インド料理。お行儀良く並んでお皿に好きな料理を好きなだけ盛りつけていく真木さん（手前）と私

さて、先ほど名前の上がったラケッシュさんはデリーのレストランで働いていたこともある料理人です。あきる野市の真木テキスタイルスタジオでもイヴェントのあるときは、本格的なインド料理を作って出してくれますが、デラドゥンでも我々一行のためにインド式の賄いランチを作ってくれました。お行儀良く並んで、沙羅双樹の葉っぱで作ったお皿の上に心のこもった手料理を盛りつけていきながら、私は小学生のころの給食の時間を懐かしく思い出していました。

こぼれ話

2017年の秋の終わりごろ、真木千秋さんから電話がありました。

受話器の向こうで千秋さんは「いつ果てるともなく続いていた新しい《ガンガ工房》の工事がやっと終わって、工房を使い始めたところ。ぜひ、また見に来て」と明るい声で言いました。本文でも触れましたが、この新工房のプロジェクトはスタジオ・ムンバイを率いるビジョイ・ジェイン氏の設計で工事は2012年に始まっていますから、スタートしてから丸5年ほどかかったことになります。

「明けない夜はない」というけど「ずいぶん長い夜だったなぁ」と思いつつ、気持はたちまちインド北部のデラドゥンに飛んでソワソワしました。前年にも工事の最終段階を見学させてもらっていましたが、こんなふうに誘ってもらうとやはり気持は浮き立ちます。

問題はスケジュールですが、真木さんからは「ちょうどその時期にビジョイ氏も来ることになっていて、中村さんにも会いたがっているから……」とダメ押しのひと言。リップサービスだと知りつつも、スケジュールをやや強引にやりくり算段してさっそく出かけて行きました。

じつは、このプロジェクトの始まりから完成にいたるまでの壮大なドラマを、ビジョイ氏の膨大なスケッチや工事写真を満載してドキュメンタリー・タッチで紹介する本の企画があります。そんなわけで、ビジョイ氏と現地で会えるのは願ってもないチャンスでもあったのです。

ビジョイ氏と焚き火を囲んでその本についてのアイデアを語り合ったのは、満月《スーパームーン》の夜でした。東側の山の端《は》から不気味なほど大きな月が横綱の土俵入りのようにのっそりと上がってきて、月の光が新しい工房を煌々と照らし出しました。

陶芸家

小川待子さんの巻

「建築家って、住む人のことなんか考えないで、自分の好みだけで建てちゃう人が多いでしょ?」

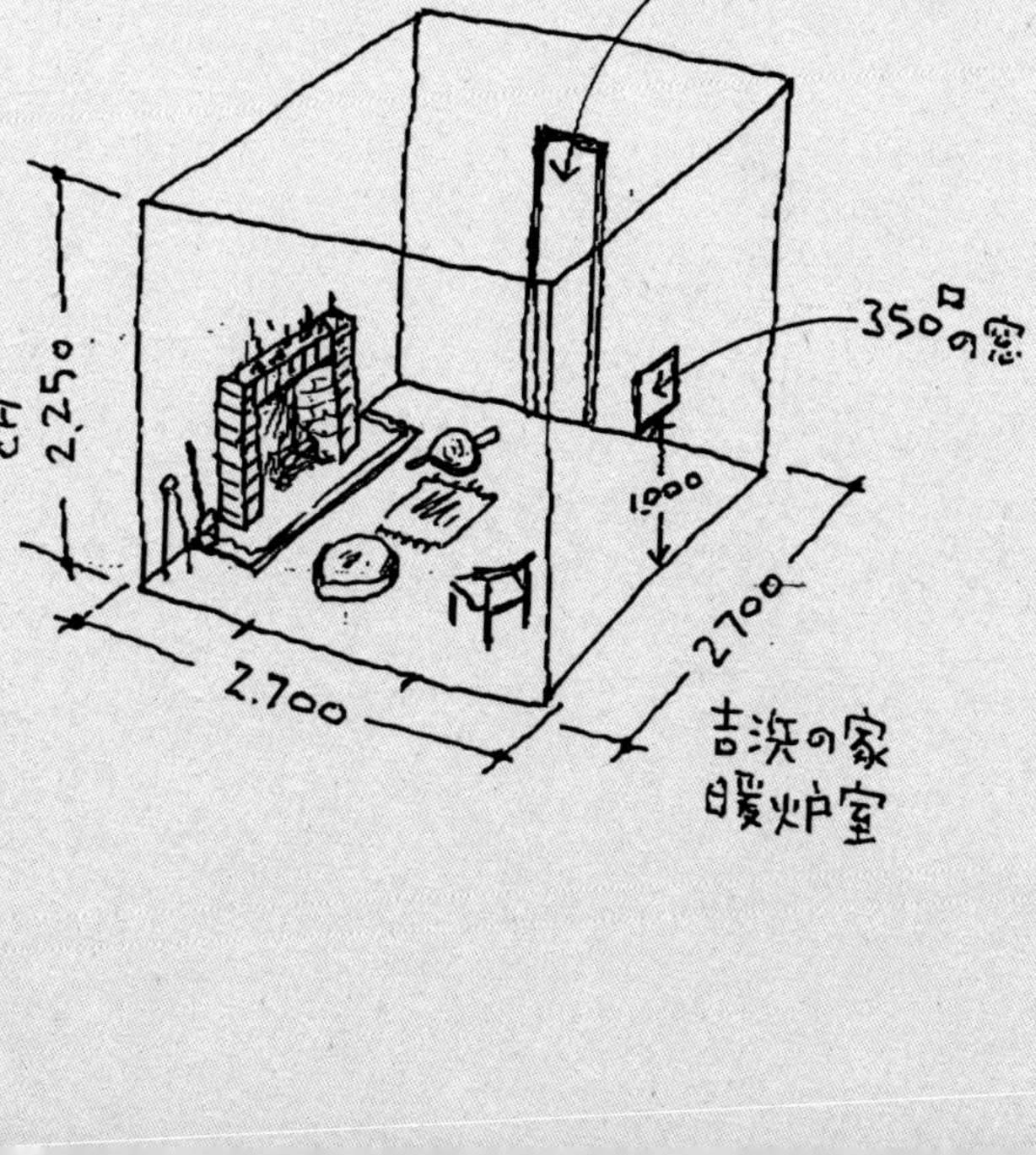
幅450の出入口
350□の窓
1,000
C.H
2,250
2,700
2700
吉浜の家
暖炉室

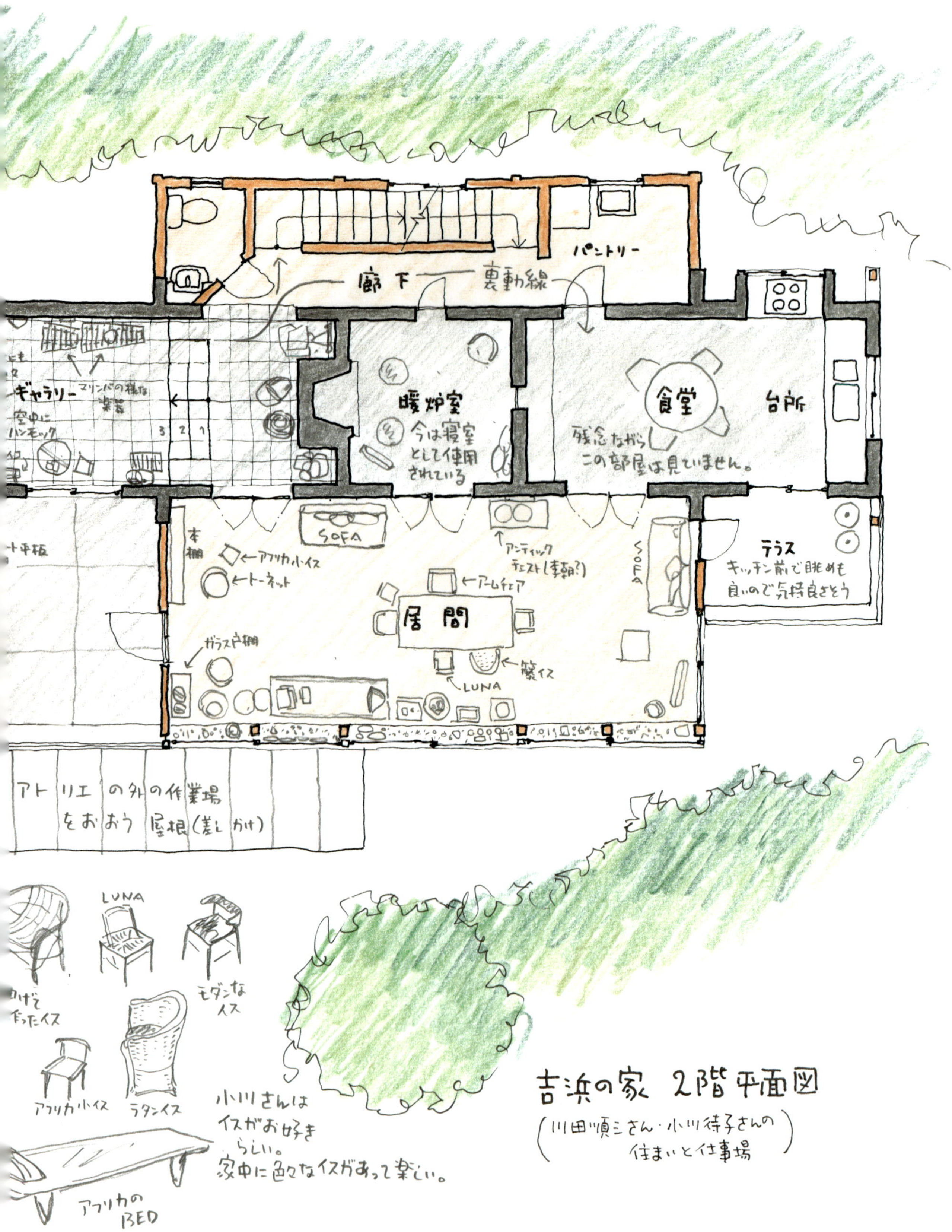

小川さんはイスがお好きらしい。
家中に色々なイスがあって楽しい。

吉浜の家 2階平面図

(川田順三さん・小川待子さんの住まいと仕事場)

十五年ほど前、友人たちと南伊豆に住んでいる陶芸家、武田武人さんの家に泊まりがけで遊びに行ったことがありました。翌日の東京への帰り道には、湯河原にある陶芸家の小川待子さんと文化人類学者、川田順造さんご夫妻の住まいと仕事場に押しかけて見学させてもらうという素晴らしい「おみやげ」が付いていました。

友人一行の中に、《吉浜の家》というタイトルで知られるこの建物を設計した阿部勤さんがいて、その阿部さんの運転する車の中で雑談しているうちに、突然、そういう成り行きになったのでした。

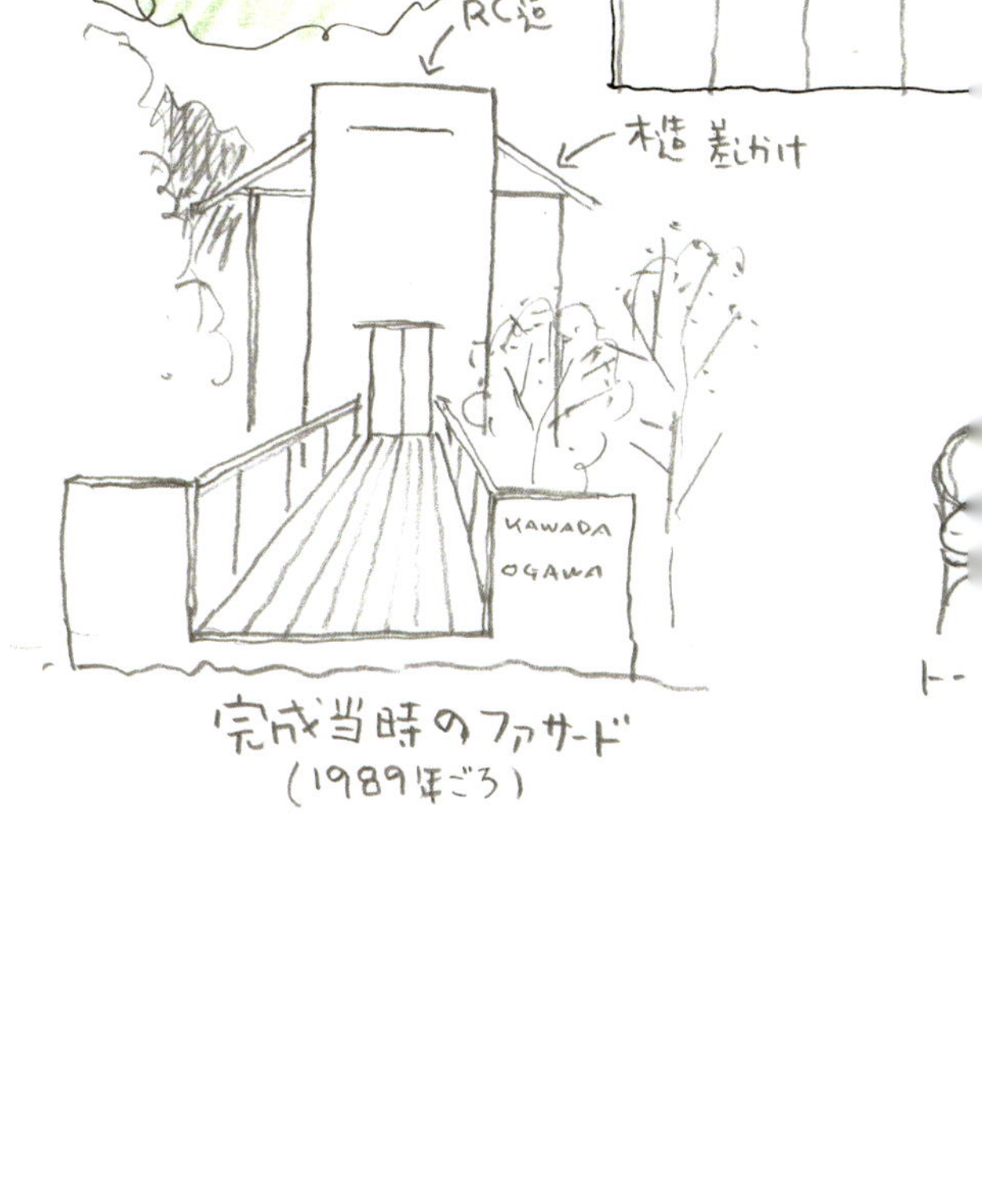

(上) 蜜柑畑に囲まれた切妻屋根の仕事場(窯場)。この建物も母屋と同時に建てられた
(右) 敷地が斜面だったため、玄関にはブリッジを渡ってアプローチする。完成後24年を経て樹木が大きく育ち、特徴的な外観が半分しか見えなくなってしまった

玄関の扉を開けると目の前にひろがる玄関ホール兼ギャラリー。川田順造氏がアフリカなどから持ち帰った民俗楽器、仮面、その他民俗学の資料展示室でもある

ギャラリーを直進し階段を2段降りたところから、玄関を見返す。床は歩道舗装用の30センチ角のコンクリート平板。左手の引き違いサッシから広々としたテラスに出られる

居間からテラスの方向を見る。無造作に置かれている大小様々な椅子も、よく見ると由緒あるモノばかり。この部屋はモノ好きだけでなく、椅子好きの匂いもします

このときの突然の訪問でいちばん印象に残り、その後も繰り返し頭の中で反芻するように思い出すのは、建物の中央部にある暖炉室と呼ばれる小部屋でした。阿部さんには『中心のある家』（インデックス・コミュニケーションズ、二〇〇五、復刊版：復刊ドットコム、二〇一六）という、眺めるだけでも楽しめる著書がありますが、《吉浜の家》の中心はこの暖炉室であることを、私はその部屋に一歩踏み込んだとたんに直覚しました。四畳半サイズのこの暖炉室は建物の内部にあって外気に面していないことと、コンクリートの壁に囲まれているので、いくらか密閉感や閉塞感があるのですが、それが逆に動物の巣穴のような居心地を醸し出していると感じたのでした。この部屋は《吉浜の家》の「中心」であると同時に「重心」でもある……。そのとき私はそう思いました。

この暖炉室には南と北に出入口がありますが、北側の廊下側にある出入口の幅は、なんと四十五センチ（しかも、廊下側には鏡が張ってあり、ドアに見えない趣向が凝らしてあります）。この開口部を通り抜けるには、肩をすぼめて入る作法が必要です。そして、部屋に入った私たちは誰からともなく、この部屋の暗黙のルールに従って、とぐろを巻くように床に座り込み、「ここ、いいよねぇ」とか「ちょっとひと眠りしたくなるねぇ」などと、口々に感想を述べ合いました。

阿部さんの住宅設計の極意のひとつが、じつは、こうした親密で、いくぶん隠れ家的な居心地をつくり出すことにあるのではないかと睨んだのもこのときです。

先日、久しぶりに訪れた《吉浜の家》は、すっかり様変わりしていました。車から降り立った私は「あれ？ ここだったっけ？」と、思わずあたりを見まわしました。よく見れば、建物の周囲の樹木が驚くほど大きく育って建物を覆い隠さんばかりになっています。ブリッジの正面に見えるはずの、コンクリート打ち放しの縦長のシンボリックな壁面も半分ぐらい生い茂った枝葉に遮られていました。

ブリッジを静々と渡り、「阿部勤好み」の観音開きの入口扉を開けると玄関ホール兼ギャラリーの吹抜け空間が静かに待ちかまえていました。外部の変わりようとは対照的に、ここには以前と変わらない濃密な空気が漂っていました。西アフリカ各地から持ち帰られたという川田順造さんのコレクションも、よくみればその展示も以前とは違っているはずですが、室内にたたずんでじっと耳を澄ませば、民俗音楽や土俗的な祈りの声が地鳴りのように聞こえてくるような気がするところまで、以前とまったく同じでした。

敷き詰められたコンクリート平板の上で靴を脱ぎ、コレクションの数々に無言の挨拶をしたのち、奥へと進み、二段ほど階段を降りたあたりで上を見上げると四角く切り取られた青空が見えました。こういうちょっとした建築的な仕掛けや工夫は、訪れる人はもちろん、そこに住む人も愉しませてくれるに違いありません。いわば、建築家の「センス」と「腕の見せどころ」ですが、この家では、阿部さんはサービス精神たっぷりにその腕前を披露してくれています。

横長窓の窓台はコレクションを飾るための格好の棚。窓台の高さが45センチと低いのがいい。
窓の外には蜜柑畑がひろがり、その向こうに雄大な相模湾が望める素晴らしいロケーション

楽器や仮面のコレクションは、ギャラリーの壁にもたくさん飾られている。背後が打放しのコンクリート壁なので、少々個性の強いモノでもよく似合っている

《吉浜の家》を書物にたとえると、門を入り、ブリッジを渡りはじめるところから、観音扉をくぐり、ギャラリーを通り抜けて、青空を見上げるところまでのひとつながりの空間体験が「第一章」ということになりそうです。そして、その「第一章」は、暖炉の裏側が室内に露出しているコンクリート壁に突き当たるところで終わります。ここで左に曲がれば、裏動線の廊下を辿って「第一章」の余韻を残しながら、食堂・台所に行けますし、右に曲がれば新しい物語の始まる「第二章」の居間に入ることになります。

この建物は、長方形の鉄筋コンクリート造の箱に木造の下屋を幾重にも差し掛けた構成に特徴があります。そのことで、コンクリート壁に囲まれた密実な空間、木造の柱梁や板材に包まれた大らかな空間、庇に覆われた半戸外の空間など、趣きも空気感も異なった空間が生まれ、住まいと暮らしに変化と可能性をもたらしているのです。

さて、「第二章」の居間ですが、ここは大きく差し掛けられた木造空間の内部で、露出している柱や梁はもちろん、床も天井も木地のままなので、優しく包まれているような感じがあります。南側に間口いっぱいに横長窓が設けられ、この窓からは蜜柑畑越しに雄大な太平洋を眺めることができます。言うまでもなく、この眺望がこの居間のとっておきのご馳走です。そしてこの部屋にも川田さんと小川さんのコレクションがところ狭しと飾られています。横長窓の窓台はそのコレクションを飾るための格好のスペースのようで、貝殻、鉱物、石ころ、木彫の人形、鉄製の動物、陶器の皿……などなど、珍しいモノたちが並んでいました。その二人の「お宝」を眺めていると、飾られたモノたちは無言でその家の住人たちの好みや歴史を雄弁に語るものだということに思い至ります。珍しさも手伝って、私がその鉱物のひとつを手に取ると、小川さんは、その昔、パリに

住んでいたころに鉱物博物館でおびただしい数の鉱物を見て感動したことを独特の温かい含み声で語ってくれました。

私の悪い癖で、眺めの良い場所で気の置けない人とお喋りしていると、つい本題（取材）を忘れてくつろいでしまいます。カメラマンの相原さんが、ここと思えばまたあちらという具合に忙しげに立ち働いている様子を見て、我に返った私は、やや唐突ではありましたが……、「ところで、どうして住まいと仕事場の設計を阿部さんに頼んだんですか？」と訊ねてみました。すると、小川さんからは、「私、建築家って嫌いだったんです。建築家って、住む人のことなんか考えないで、自分の好みだけで建てちゃう人が多いでしょ？」と、建築家の私には少々耳の痛い返事が返ってきました。そして「建築家に頼むよりプレファブ住宅のほうがまだマシかも……」と、考えた小川さんは（ああ、ますます耳が痛くて、鼓膜に穴があきそうです）、いくつか見て回ったそうですが、さすがに気に入る家はなく（良かったぁ！）、途方に暮れているとき、建築評論家の植田実さんから阿部勤さんを紹介されたのだそうです（やれやれ、一件落着です）。それでも、雑誌『トランヴェール』（東日本旅客鉄道、一九九〇年六月号）のインタヴュー「自然と共棲できる家」（阿部勤・川田順造・小川待子）によれば、阿部さんへの注文は「建築家の好みで建てないこと」と「素材感のある家」だったといいます。

さてさて、このエピソードを建築家の皆さんは、どんな気持で読まれますか？ 私には、このように建築家への不信感を抱くのは、決して小川さんだけではなく、「物言わぬ多数派《サイレント・マジョリティ》」の偽らざる心情だと思えてならないのですが……。

でも、その小川さんと建築家、阿部さんの組合せは大正解だったようです。というのは、先ほどと同じインタヴューの中で阿部さんは「私は、住まいは住まい手が造るもので、建築家は住まい手がそこに生活を描くための白いキャンバスを作る立場だと考えています」と話しているからです。

小川さんは自分の仕事は「うつわが原点」だと言います。そしてその理由を「他者を受け入れることができるから……」と説明しています。

小川さんが自分の住まいと仕事場に求めたのは、まさにその

居間に入ると素材はコンクリートから一転し、優しい木肌に包まれる。柱、梁、床板、天井版が歳月に仕上げられて美しい飴色になっている

小川さんの最近の作品。この〈うつわ〉はまるで海を抱きかかえているような詩情を感じます

「土に内在する力をかたちにして見せたい」という、小川さん。作品になる前のもの

アフリカのベッドに腰掛けて鉱物の魅力について小川さんからレクチュアを受ける

「うつわ」だったに違いありません。小川さんは自作を語るなかで、失敗作は「ちゃんとできたもの」と、笑いながら言い切ったあと「余白のないもの。イマジネーションの入る余地のないもの」と続けています。この言葉は小川さんが陶芸に向かうときの一種の自戒の念なのでしょうが、見方を変えて読むと「住み手にとって住宅の望ましいあり方」を語っているようにも受け取れます。

そういう小川さんが、自己完結的（ときとしては自己満足的）で、住み手の「イマジネーションの入る余地のない住宅」を設計する建築家に依頼したくなかったことは、よくよく理解できます。ですから阿部勤という「うつわ」をつくる建築家に出会えたことは本当にラッキーだったのです。私は、混構造でつくられた大らかな「うつわ」の中で、小川さんが、部屋名にも、あらかじめ計画された部屋の用途にもまるでとらわれずに、そのときどきの気分や状況に応じて融通無碍《ゆうずうむげ》に住みこなしている様子を、もの珍しさと頼もしさの入り交じった眼差しで眺め渡していました。

さて、せっかくの機会なので、もう一度、あの暖炉室にとぐろを巻いて座り込んでみたいと思った私が「暖炉室を見せて……」と言いかけますと、小川さんは「あ、だめ！ あの部屋はいま寝室になっているんです」と微笑みながら応じました。私にはその目が「ほら、ね！ うつわの使い方はイマジネーション次第でしょ？」と言っているように思えました。

こぼれ話

小川待子さんの《吉浜の家》の取材にうかがうことになったとき、ふと、「運がよければご主人の川田順造さんにお目にかかれるかもしれない……」という淡い期待感が脳裏をよぎりました。

著名な民俗学者の川田順造さんにお目にかかっても、ぼくに内容のある会話ができるわけではありませんが、三十数年前に『音・ことば・人間』(岩波書店、1992) という武満徹さんとの刺激的で示唆に富んだ往復書簡集を読んで大きな感銘をうけたことがあり、その後も川田さんの手紙の中にあった「私は、音の世界に限らず、詩や小説でも、絵でも、ユーモアを欠いた作品は好きになれない」とか、「木の間に張った綱に、ひとつひとつ洗濯物をかけてゆくのは、法悦といってもよい歓び」とか、「季節感というのは、一つの土地で、市場で買い出しをしながら二年以上続けて暮らしてみないとつかめない」という川田さんの寸言がときどきなんの脈絡もなく頭に浮かぶことがあることを、一読者の感想としてお伝えしたいと思ったのです。

また、この本のなかには、アフリカの民俗音楽の楽器とその演奏のようすを紹介する小川待子さんのスケッチが入っていますが、読書の合間合間に、鉛筆の闊達な動きの感じられるその素敵なスケッチのひとつひとつに見惚れたことも、待子さんに伝えたいと思っていました。

取材の日は、残念ながら川田さんにお目に掛かることはできませんでしたし、建物と内部を飾られている膨大な量のお二人のコレクション (?) に目を奪われて、結局、待子さんにもスケッチのことを伝えることができませんでした。

……というわけで、この場を借りてこのことをお二人にお伝えしたいと思います。

鍛造作家

藤田良裕さんの巻

建築家がクライアントにむずかしい宿題を出した。

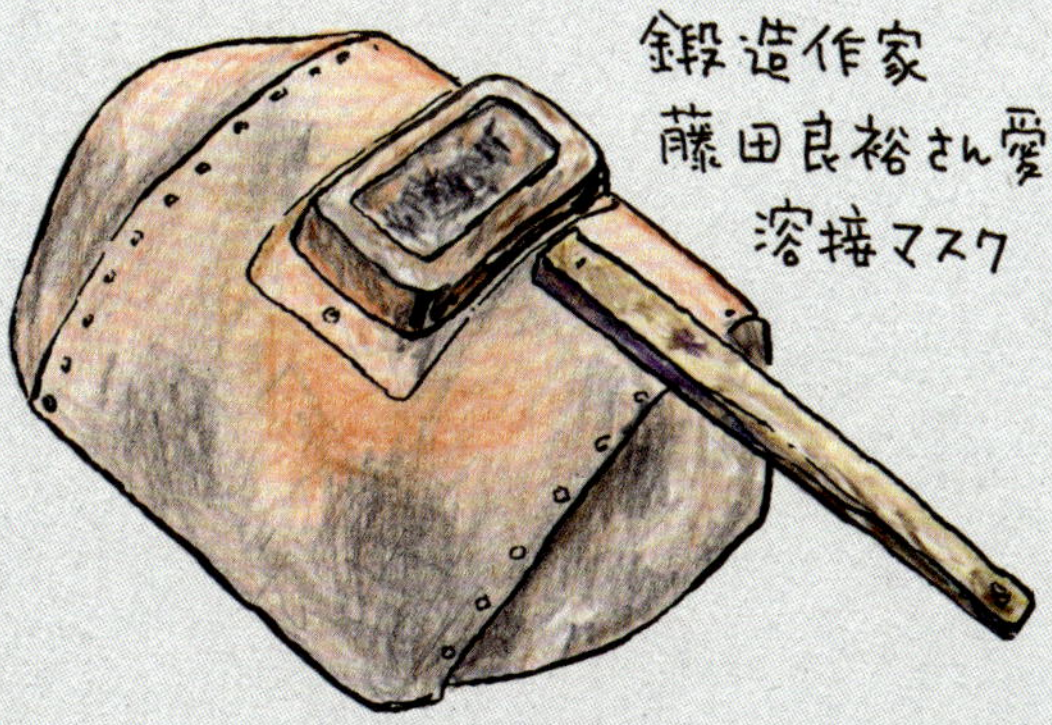

鍛造作家
藤田良裕さん愛用の
溶接マスク

子供のころは、よく歌を唄って遊んでいました。

貧しい漁師町の子供にとって（とりわけ私にとって）は、歌を唄うことが主要な遊びのひとつだったのです。学校で教わる唱歌も唄いましたが、私はおもに歌謡曲を好んで唄っていました。

ところが、そうやって唄いながら「これはいったいどういう意味なんだろう……？」と首を傾げる歌詞にたびたび出くわしました。歌謡曲は大人の歌なので、子供に理解できない歌詞があっても不思議はありませんが、子供向けの童謡にも理解できない歌詞がたくさんありました。そのうちのひとつが、「♪よい子が住んでるよい町は……」で始まる「歌の町」という童謡で、「♪かじ屋は かちかち かっちんな」の「かじ屋」です。私が生まれ育った海辺の田舎町には「かじ屋」という職業はなかったので、これが何のことだかサッパリ分かりませんでした。

やっと「かじ屋」らしい「かじ屋」に巡り会えたのは二十代も後半になってからで、場所は韓国のソウル郊外にある「民俗《ミンソク》村《チョン》」でした。李朝時代を再現したこの民俗村の中には当時の「かじ屋」も再現されていて、手動式の鞴《ふいご》でコークスを熾《おこ》し、鉄を熱して、叩いて鉄製品を作って見せてくれていたのです。私は実演していた鍛冶職人に李朝時代に行商の飴売りが客寄せの道具（豆腐屋のラッパと同様の商売道具です）として使っていたという飴屋鋏《ヨッカウイ》をその場で注文し、目の前で作ってもらって購入しました。

鉄という素材は熱することで飴細工のように加工できることは知っていましたが、実際にその仕事ぶりを間近に見学すると大いに心そそられ、ちょっと自分でもやってみたくなりました。

私の場合は鉄を熱して叩く鍛鉄の仕事を見ていて「やってみたくなった」のですが、ここでご紹介するのは鍛鉄で製作された現物を目のあたりにして「やってみたくなった」と語る鍛造作家の藤田良裕さんです。

鍛造は造形的な仕事ですから、藤田さんはたぶん美術大学の彫刻科あたりの出身ではないかと私は睨んでいましたが、予想は見事に外れました。意外なことに藤田さんは関西にある大学の文芸学科の出身だそうです。「では、なんでまた、鍛造家に？」と訊ねますと、「建築設計事務所で働いていた嫁（奥さんのことです）がガウディが好きで、その嫁と一緒にスペインに出かけたとき、ガウディのカサ・ミラやグエル邸などで鍛鉄の素晴らしさに魅せられ、こんな仕事がしたいと思って……」と、鍛鉄との出会いを話してくれました。もともと大学を卒業したら「頭を使う仕事ではなく、体を使って働く仕事がしたかった」とのことですから、鍛鉄との出会いは「渡りに舟」のタイミングだったのかもしれません。このあたりの経緯をうかがっていると、藤田さんが鍛造家になった背後に「嫁が……」と話す奥さんの、内助の功と、暗黙の誘導（操縦？）が見え隠れするような気がします。

藤田さんはガウディ作品に感動して帰国してから、雑誌で見かけた著名な鍛造作家に弟子入りし、そこで五年間、鉄格子、フェンス、門扉などの製作に従事。その仕事をしているうちに、

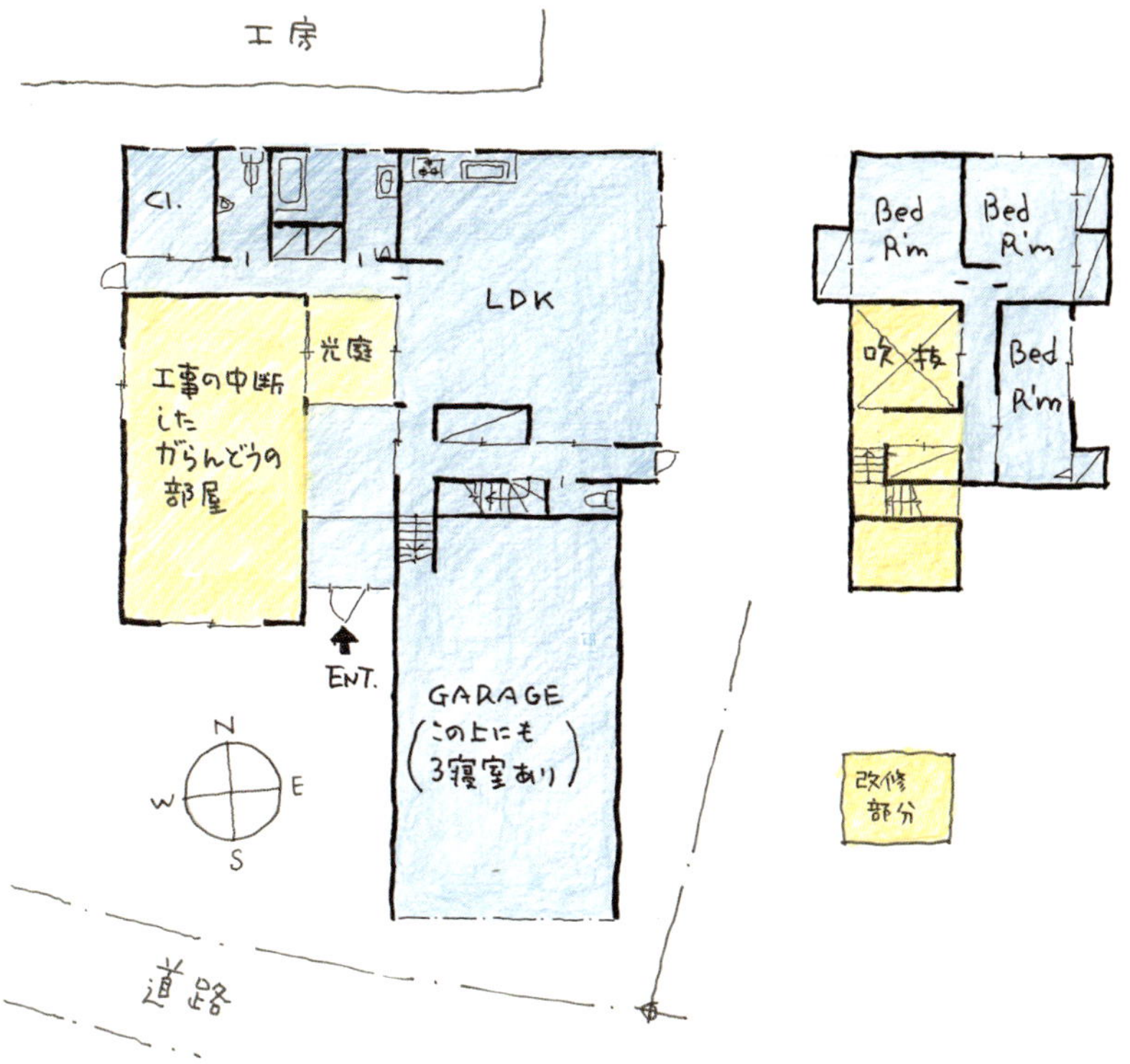
工房
Cl.
LDK
光庭
工事の中断した
がらんどうの
部屋
ENT.
GARAGE
(この上にも
3寝室あり)
N
W
E
S
道路
Bed R'm
Bed R'm
吹抜
Bed R'm
改修部分

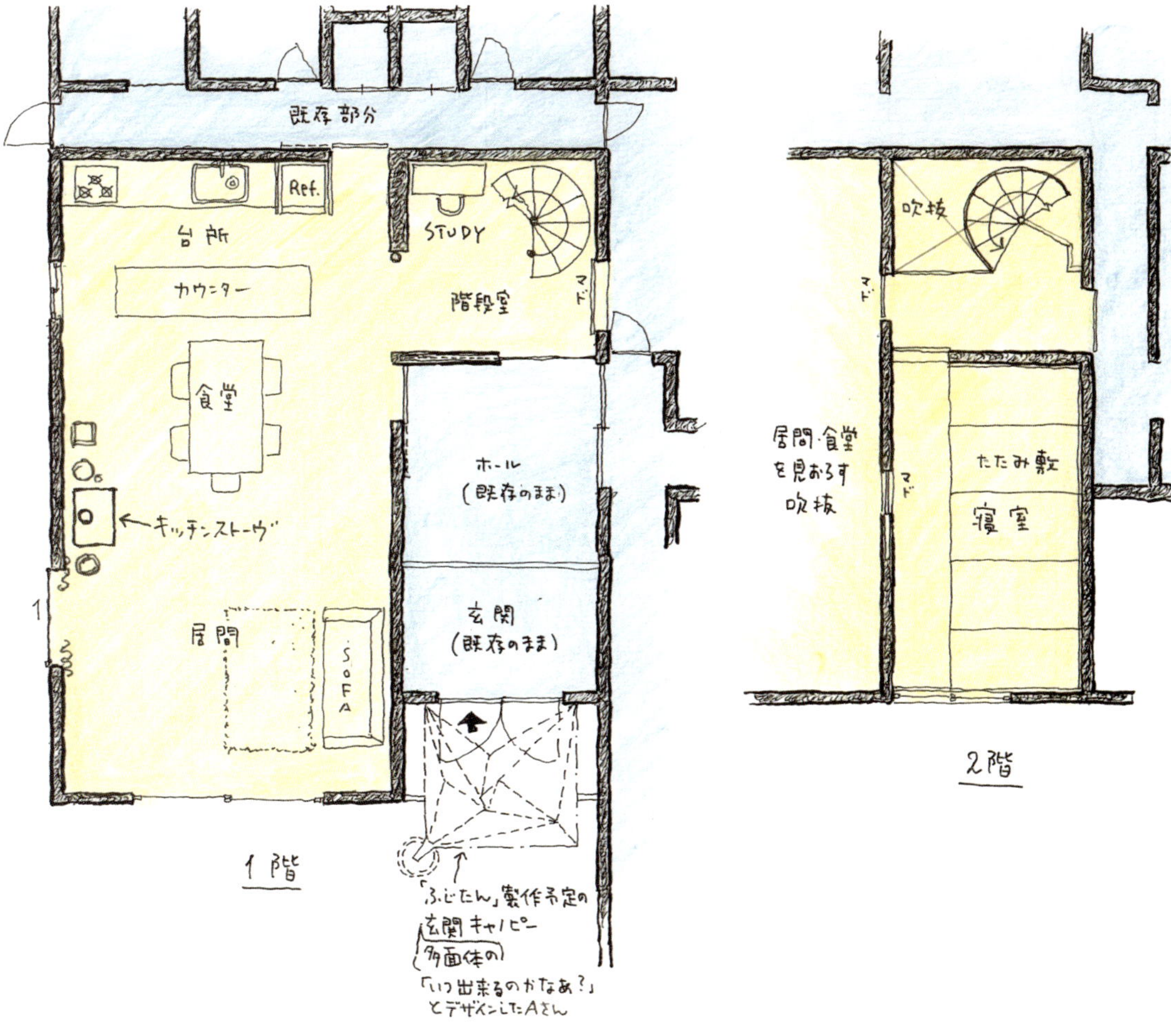
既存部分
Ref.
台所
STUDY
カウンター
マド
階段室
食堂
ホール
(既存のまま)
キッチンストーヴ
居間
SOFA
玄関
(既存のまま)
1階
「ふじたん」製作予定の
玄関キャノピー
(多面体の
「いつ出来るのかなあ?」
とデザインしたAさん
吹抜
マド
居間・食堂
を見おろす
吹抜
マド
たたみ敷
寝室
2階

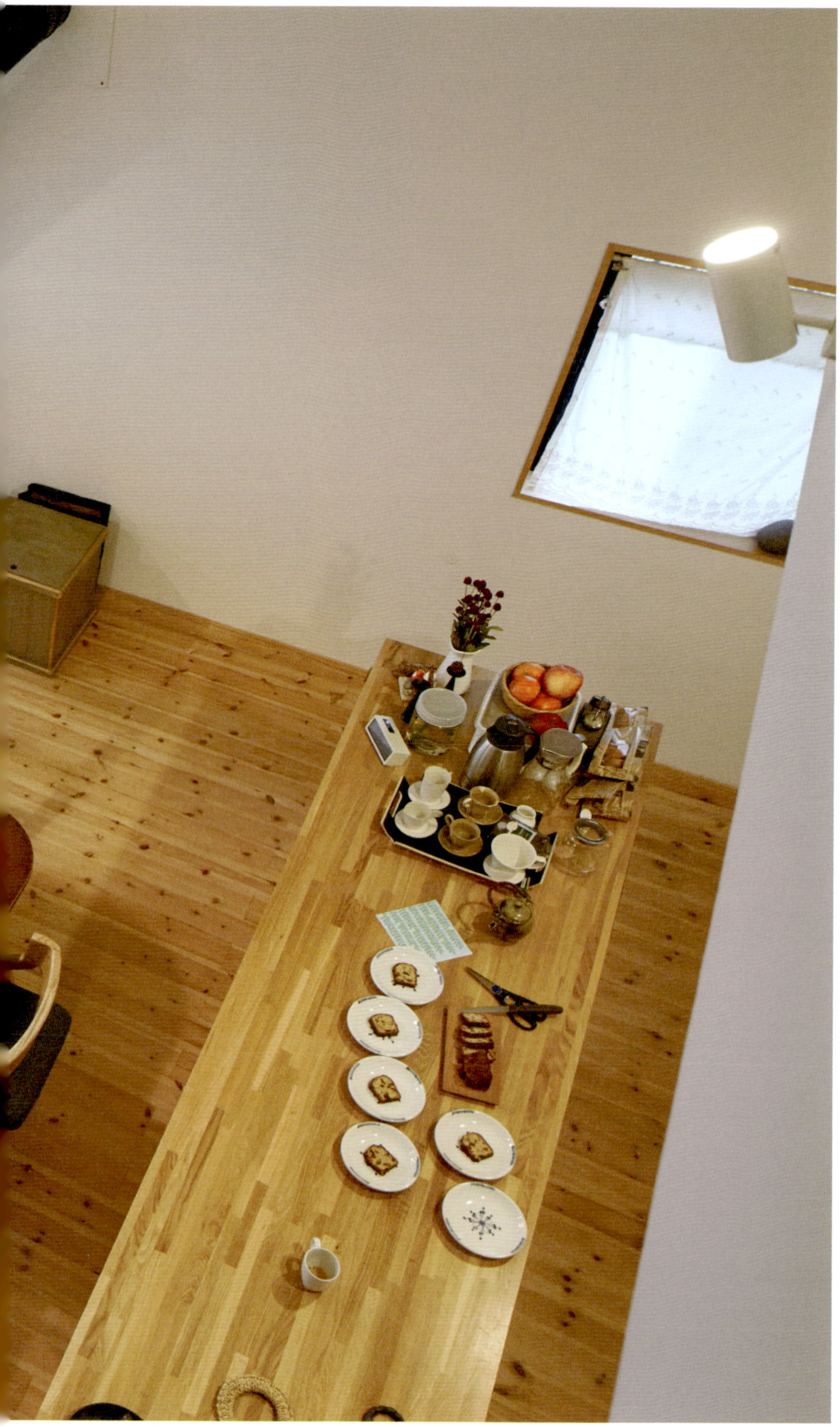

やはり本場の鍛冶屋の技術を学びたいという気持が募り、ヨーロッパに渡ります。そして、オランダ、オーストリア、チェコスロバキア、ドイツなどヨーロッパ各地の鍛鉄工房で一年半にわたって武者修行（?）したうえで、二〇〇六年に独立……というのが私が藤田さんから聞いた経歴です。

藤田さんが独立して開いた鍛鉄工房の屋号は「美術鍛造・ふじたん」といいます。
「美術鍛造」という画数の多い漢字と「ふじたん」というほんわかしたひらがなが並ぶところに妙味がありますが、じつは、このひらがなの「ほんわか感」が藤田さんの雰囲気とピッタリ

螺旋階段を上がった所から食堂と居間を見おろす。テーブルとカウンターの上には奥さん手作りの豪華なおやつ

居間から食堂と台所方向を見る。左手の煙突付きの黒いかたまりは奥さんの料理の手助けをするキッチンストーヴ

重なり合うのです。

藤田さんは独立後の数年間は大阪の実家の近所のガレージを借りて製作していたそうですが、手狭になったことと家賃が高かったことから、住まいと仕事場をより良い場所に移転すべく何年もかけて数多くの候補物件を見て回りました。そして、ようやく琵琶湖西北の安曇川《あどがわ》に辿り着いたとのこと。湖西線の安曇川駅から車で十分ほどの位置にあるこの土地と建物は、もとは工務店を経営する大工さんの住まいと作業場だったそうですが、経営がうまくいかず手放した物件だそうで、値段も安かったとのこと（参考までにその金額を教えてもらいましたが「えっ？」と耳を疑うほど破格の値段でした）。

藤田夫妻はこの場所を手に入れてから二か月後に、たまたま訪れた高松の「まちのシューレ963」というお店で、以前から雑誌などで見かけていて、住まいに対する考え方と作風に共感を抱いていた建築家のKさんにバッタリ出会います。そして「千載一遇のチャンス！」とばかり、その場で自己紹介したうえで、購入したての建物の改修を依頼し、即座に快諾を得たのだそうです。出会ったとたんに依頼するほうもするほうですが、初対面で、どんな人たちか、どんな場所か、どんな仕事か……など、詳しく聞きもせずに引き受けてしまう建築家もいるんですね（そういう私も、じつはそのタイプなのですが）。

こうして藤田家の改修計画がスタートしました。

手に入れた安曇川の土地は三百二十坪ほどありました。また、

改修前は薄暗い光庭だった場所が、穏やかな光の降り注ぐ明るい階段室に大変身

Kさんから藤田さんに出された宿題の「螺旋階段」の製作に励む藤田さん。螺旋階段を作るのはもちろん今回が初めてのことだそうです

藤田さんの家は、広々とした田んぼの中に建っている。左の瓦屋根の建物が住宅部分、右側の切妻の建物が鍛鉄の工房

もともとそこに建っていた建物も延べ床面積百三十坪を超える大きなものでした。そのほかに三十坪ほどの大工さんの作業場と、工務店の事務所に使っていたらしい六坪ほどの建物が付いていました。

もともとの持ち主が大工さんですから普請はお手のものだったのでしょうが、その広い住宅をさらに拡げる増築工事を始めたところで工務店はあえなく倒産し、その結果、外壁と屋根だけのがらんどうの建物が残されました。

現地を下見に来たKさんは既存の住宅部分には手を付けずに「このがらんどうの部分とそれに付随する部分だけを改修しましょう」と藤田さんに提案しました。改修費が限られているので、手を付ける面積を最小限にして工事費を抑えようという作戦です。家族の生活の中心になる居間・食堂と、料理上手の奥さんが愉しく料理のできる台所になれば「それで充分ではないか」というのがKさんの判断でした。もとより藤田さん夫妻にも異論はありません……。というより異論以前に「予算がなかった」というのが本当のところではないかと拝察します。藤田さん夫妻は、これこれしかじかの金額で「すべておまかせします！」とKさんに託しました。

すべてをまかされた建築家は底力を発揮するものです（私もそのタイプなので断言します）。下見のとき、Kさんは家の中央部にある採光的にも通風的にもあまり効果のなさそうな薄暗い光庭を眺めながら「ここをなんとかしなきゃ……」と呟いたそうですが、基本設計案ができあがってみると、その陰気な場所が天窓付きの開放的な階段室になっていて、そこに鉄骨の螺旋階段がシンボリックに据えられていました。そしてその螺旋階段を上がった二階には、子供たちが幼い間は家族全員で雑魚寝のできる畳敷きの寝室になっていました。また、この二階には居間と食堂の様子がうかがえるのぞき窓がふたつ開けられていました。この窓に居間と食堂の気配を寝室に伝える役割もさせよう……とKさんは考えたのだと思います。

この階段室にはもうひとつ愉快なエピソードがあります。

Kさんは計画段階からこの螺旋階段を藤田さんに作ってもらおうと企んでいたというのです。その企みに「螺旋階段を作る手間代を浮かせたい……」という実利的な意味があったのか？「鍛造作家の仕事の幅を広げる機会になれば……」という教育的な意味があったのか？　あるいは、その両方だったのか？うっかり聞き逃しましたが、ともかく建築家がクライアントにむずかしい宿題を出したことになります。

さて、居間・食堂に戻りましょう。ここは吹抜けのある大らかな空間です。パイン材の床、白い壁、簡素で使い勝手の良さそうな台所、最小限の家具。白壁を背にしてキッチンストーヴが据えられています。この部屋にはどこかシェーカー教徒の室内に通ずる清楚な空気感が漂っていることも書き添えておきたいと思います。

最後になりましたが、鍛造の仕事場を紹介しておきたいと思います。

「美術鍛造・ふじたん」の工房の様子。奥にあるコークスの炉がなければ「鉄工場」という表現がぴったりのスペース

真っ赤に焼いた鉄棒を鍛造機（エアハンマー）で叩いて加工する、
真剣な眼差しの藤田さん

熱して、叩いて、捻って作った鉄の輪っか。さて、何に使えますかね？
ペイパーウェイト？ ナプキンリング？ ちょっと違うなぁ

鞴でコークスを熾し、鉄棒を熱する藤田さんと火元をのぞき込む私

別棟に移動して広々した工房に足を踏み入れると、そこに、金属加工の機械や様々な道具たちと一緒に、モノ作りの熱気と気力のみなぎる「男の仕事場」が待ち受けています。

居並ぶ機械も道具も見慣れないものばかり。木工機械なら私はよく知っていますが、金属加工の機械を眺めてもどんな作業に使うのかまったく見当が付きません。共通するのはどれも硬そうで、重そうで、冷たそうなこと。扱う金属は鉄ばかりではありませんが「鉄の匂いがする」と書いたらこの工房の雰囲気がいくらか伝わるかもしれません。

そうそう、熱気といえば、工房の東側の壁際にはコークスの炉が据えられていました。

「なにか作業して見せてもらえませんか?」とお願いすると、藤田さんは即座に「かじ屋」に変身して、コークスを熾《おこ》し、鉄の角棒を熱して、叩いて、捻って、牛の鼻輪のようなリングを作って見せてくれました。

所要時間十五分ほどの「かちかち かっちんな」でした。

こぼれ話

突然ですが、白状しておきたいことがあります。

本文では藤田さんの住宅を改修した建築家をKさんという略称で紹介していますが、じつは、KさんはKobunさんで、ぼくです。名前を伏せたことにとりたてて理由はありませんが、読者の皆さんが「中村好文の手がけた住宅」という先入観を抱かないほうが、藤田さんという鍛造作家の人柄や、仕事場や、住まいに対して気持を集中できるだろうと考えたからです。でも、そんな小細工はあまり意味をなさなかったようです。冊子が発行されるとすぐに親しい友人から電話があり「あのKさんって、本当はコウブンなんでしょ？」と言われました。つまり、皆さんにお見通しだったわけですね。失礼いたしました。

さて、ここから少し姿勢を正して書きます。

「Architect at Home」の連載から「Artist at Home」の連載８回目までの日本国内の写真はすべてカメラマンの相原功さんが撮ってくれていました。９回目は海外取材で相原さんの出番はありませんでしたが、その９回目を終わったころ、相原さんが体調を崩されているという噂を聞きました。藤田さんの取材が決まったときは「撮影には行きます！」と言ってくれていたそうです。ただ、病状は深刻な状態だったらしく、藤田さんの巻は、急遽、雨宮秀也さんにピンチヒッターで撮影してもらいました。このことがあってしばらくして、相原功さんはお亡くなりになりました。

いずれ連載が単行本になったときは「打上げで愉快に飲みましょう」と交わした約束が果たせなかったことが悔やまれます。

この『芸術家のすまいぶり』を友情と感謝の気持を込めて、カメラマンの相原功さんに捧げたいと思います。

フォルコラ作家

パオロ・ブランドリシオさんの巻

「パオロよ、お前は神様が私に贈ってくれた使徒のようなものだよ」

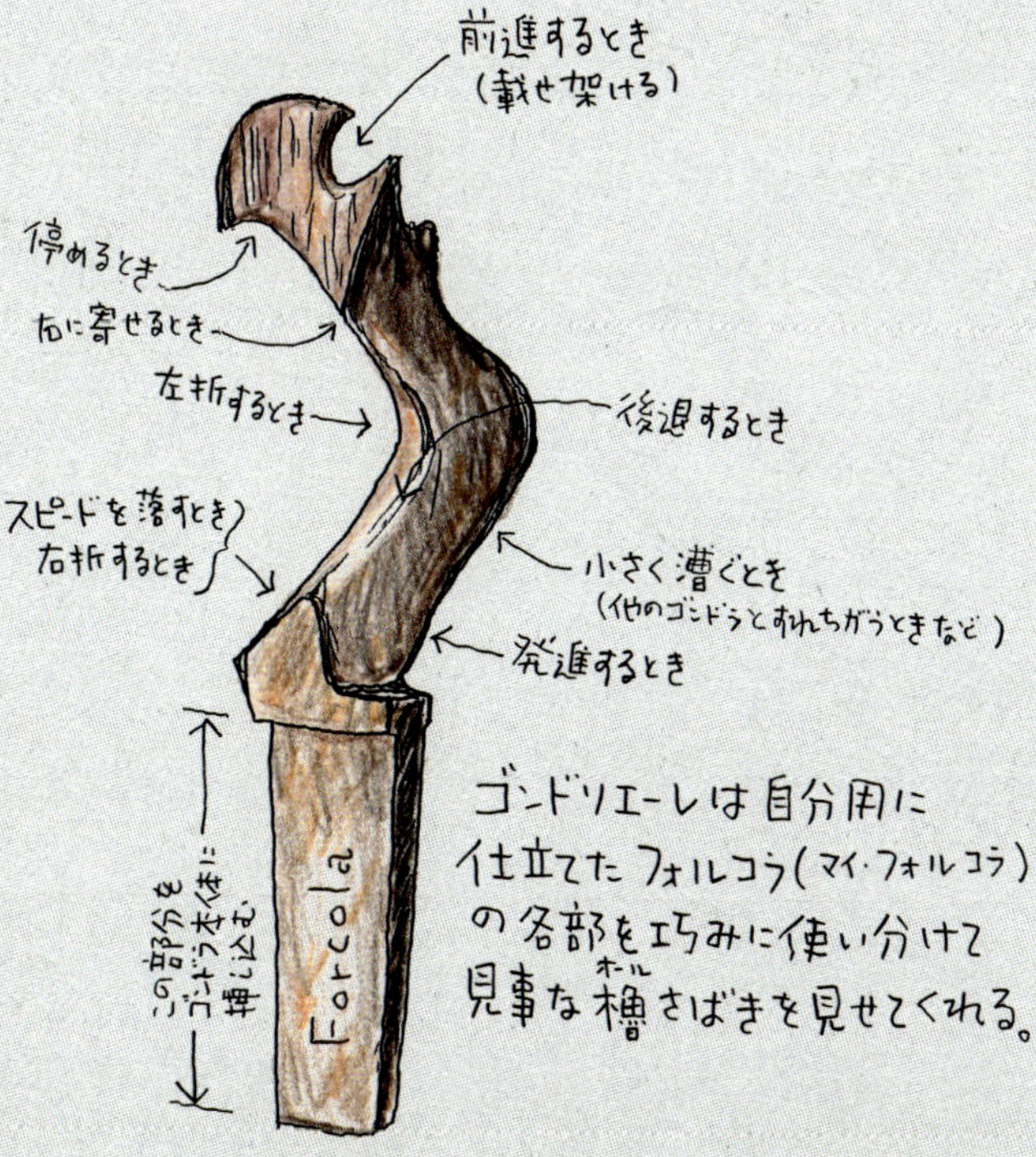

ゴンドリエーレは自分用に
仕立てたフォルコラ（マイ・フォルコラ）
の各部を巧みに使い分けて
見事な櫓《ホール》さばきを見せてくれる。

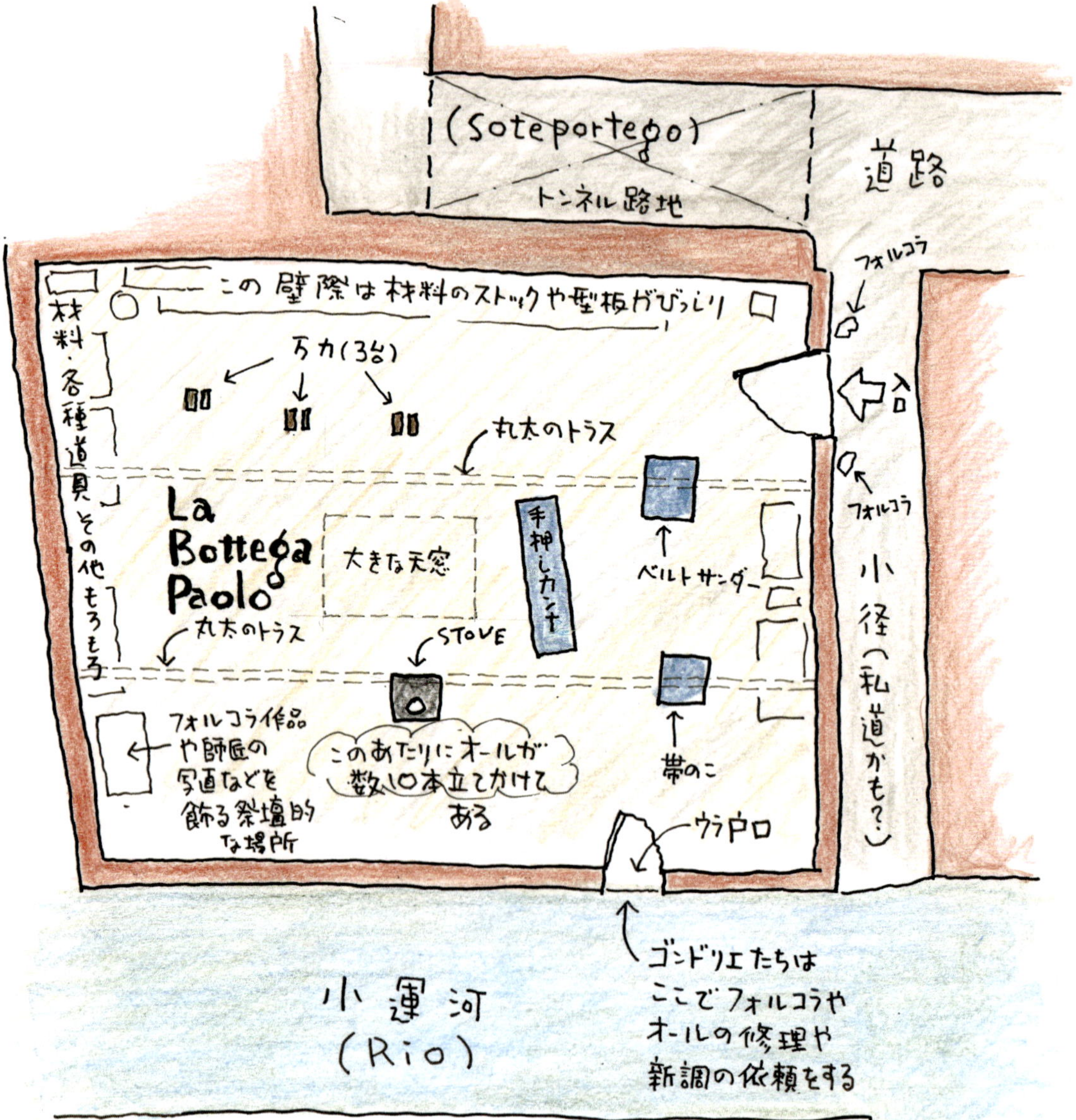
(Soteportego)
トンネル路地
道路
フォルコラ
この壁際は材料のストックや型板がびっしり
材料・各種道具その他もろもろ
万力(3台)
丸太のトラス
La Bottega Paolo
大きな天窓
手押しカンナ
ベルトサンダー
丸太のトラス
STOVE
入口
フォルコラ
小径(私道かも?)
フォルコラ作品や師匠の写真などを飾る祭壇的な場所
このあたりにオールが数10本立てかけてある
帯のこ
ウラ戸口
小運河(Rio)
ゴンドリエたちはここでフォルコラやオールの修理や新調の依頼をする

高校を卒業するまで過ごした海辺の町に作田川という川が流れていました。

作田川の河口から九十九里浜にかけては片貝海水浴場で、夏ともなれば近郊から海水浴客が押しかけて大変な賑わいを見せました。さらに、川辺には海開きの半月ほど前から「銚子屋」という屋号のよしず掛けの貸しボート屋が出て、いやが上にも夏休み気分を盛り上げたのです。

銚子屋には貸しボートが十五艘ほどありましたが、そのボートとは別に、櫓漕《ろこ》ぎの和舟がありました。「海の近くでボートが横波を受けて転覆した……」といった事態が起こると、平底でボートよりもスピードの出るこの櫓漕ぎの和舟が「高速救助艇」として出動することになっていました。

この和舟は立って櫓《オール》を漕ぐ仕草と姿《ポーズ》がカッコいいので、子供たちの憧れの的でした。

あれはどういう風の吹き回しだったか、幸運にも私は銚子屋のお爺から数回にわたって櫓漕ぎの手ほどきを受けたことがあります……といっても、小学四、五年生の子供が数回の講習で櫓漕ぎをマスターできるわけはなく、舳先《へさき》が左右に大きく首を振る状態から、かろうじて「前へ進みだしたかな」というところで、櫓漕ぎの個人レッスンは終了してしまいました。

少年時代に体験した櫓漕ぎは半世紀以上も前のことですから、そんなことがあったこともすっかり忘れていました。ところが、二〇一五年の初夏、二か月間ほど「ヴェネツィア暮らし」をしていた折、ゴンドリエーレ（ゴンドラの漕ぎ手）の習熟した見事な「櫓さばき」に幾度となく目を奪われ、つぶさに観察しているうちに、子供のころの櫓漕ぎ講習の情景が古い映画のワンシーンのように脳裡に浮かび上がってきたのでした。

ところで、ゴンドリエーレの櫓さばきの観察を繰り返しながら私がとくに注目したのは、櫓を支える支点となる部材（この部材を「フォルコラ」といいます）でした。ゴンドリエーレはゴンドラの後方左側に立って漕ぎますが、櫓は後方右舷にちょうど腕相撲をするときの腕のような格好でゴンドラの外に突き出して取り付けられているフォルコラを駆使してゴンドラを巧みに操ります。ゴンドラを緩急自在に前進させる、後退させる、方向転換する、停める、停泊する……。そのときどきによって、フォルコラの先端の二股や本体の複雑な凹凸部分の適所に櫓を載せたり、押しつけたり、添えたりじつに巧みに使い分けるのです。分かりやすく言えば、フォルコラは車のギアのような役目をするのですが、私は用途と機能と使い勝手が合体してそのまま形になったようなフォルコラの複雑な形態に大いに心惹かれたのです。

あるとき、ヴェネツィア在住の友人に「ゴンドラのフォルコラって良くできているよねぇ。しかも、形が彫刻みたいで面白いよね」と感想を漏らしたところ、「あ、もしそんなに興味があるのなら、フォルコラ作家の親しい友人がいるので、彼の工房を見学に行ってみる?」という願ってもない展開になりました。

切妻屋根を丸太のトラスで支えた広々とした工房内部の様子。天窓から射し込む自然光は弟子入り時代から変わることなく工房の隅々まで明るく照らしている。パオロさんは櫓修理の真っ最中

フォルコラ作家のパオロ・ブランドリシオさんの工房（La Bottega）はサンマルコ広場から徒歩で五、六分のカステッロ地区にあります。観光客のさんざめく通りから脇にそれて路地を入ると、ソットポルテゴと呼ばれるトンネル路地の手前左手に平屋の建物があり、そこがパオロさんの工房です。ヴェネツィアを散策する愉しさのひとつは、街の中に観光と背中合わせにこのような地道な（地味な？）工房がひっそりと息づいているのを発見することです。パオロさんの工房も目立ちはしませんが、ふと見ると、入口ドアの両脇にフォルコラが門柱のような構えで立てられていて、道行く人にここがフォルコラを作る工房であることを控えめにアピールしていました。

友人と一緒に戸口から「チャオ！」と挨拶をすると、パオロさんは大仰な表情や身振りを返すわけではなく「さっき出て行った人が帰ってきた」ぐらいの感じで穏やかに迎え入れてくれました。カーリー・ヘア（というよりモジャモジャ髪です）とクリクリした目が印象的。ブルージーンズの上に短めの皮のエプロンをキリリと締め、仕事に没頭している様子は、簡素な工房のたたずまいと相俟《あいま》ってどこか中世の職人を彷彿とさせました。パオロさんはしばし仕事の手を休め、友人に向かって静かな声で話しかけましたが、イタリア語なのでもちろん私には分かりません。「ん？」と首を傾げて見せると「どこでも自由に見学していいよ。写真も遠慮なく撮っていいし、仕事しながらになるけど、質問されれば答えるよ」と言ってくれたとのこと。

とりあえず私は切妻屋根を丸太のトラスで支えた工房内部をひととおり見学させてもらったあと、友人の通訳するパオロさんの言葉に耳を傾けました。パオロさんによれば、現在、ヴェネツィアにゴンドリエーレは約四百五十人ほどおり、パオロさんはそのうちの百五十人ぐらいの面倒をみているそうです。仕事はフォルコラの製作だけでなく、腰痛持ちが多いゴンドリエーレの年齢や腕力や体癖に合うようにフォルコラの形を「仕立て直す」仕事や、櫓の修理をする仕事も多いとのこと。パオロさんの言葉を借りれば、「ひとりひとりのゴンドリエーレに合わせて服を仕立てる仕立屋のようなもの」なのだそうです。ついでに、フォルコラの材料が、樹齢八十年ほど経た胡桃、梨、桜など果樹系の樹種であることや、最後は「パエリーノ」という亜麻仁油系のオイルで仕上げることなども教えてもらいました。

そうこうするうち、目と気持が吸い寄せられるように片隅にあるコーナーに向かいました。吸い寄せられた理由は簡単で、いつの間にか天窓から射し込む光の角度が変わって先ほどは仄暗かったそのコーナーを神々しく照らしはじめ、どことなく神聖な気配が漂いだしたからです。

さっそく近寄ってみると、展示棚のようになっているそのコーナーには、十五、十六本のフォルコラが柔らかな自然光を浴びて林立していました。ひとつひとつ形と表情の違うフォルコラを見ていると、これが単にゴンドラを漕ぐ櫓を支持するだけの部材とは思えなくなってきます。どう考えても彫刻作品のマケット（試作のための模型）なのです。たとえばそのうちのひ

路地の一画にあるパオロさんの工房。ヴェネツィアでは珍しい平屋の建物。「おや？　こんなところにフォルコラが……」と心惹かれ、戸口から工房を見物していく観光客も多い

古風なノコギリで作業中のパオロさんの風貌と、道具と工房のたたずまいが相俟ってどこか中世の工房を彷彿とさせる光景。奥の戸口にときどき観光客が立って作業ぶりを見物していく

工房の片隅にある祭壇的な場所。林立するフォルコラの間にパオロ青年と師匠の故ジュゼッペ・カルリ氏の記念すべきツーショット写真が飾られているのをお見逃しなく

スタンド式の万力にフォルコラを挟んで固定し、銑（せん）という一種のカンナで曲面を削り出すパオロさん。堅木なので腕力と根気のいる仕事である

とつを高さ五メートルほどに拡大し、ブロンズで鋳造して「ルイジアナ美術館」の芝生にでも据えれば、きっと見学者は「あぁ、やはりヘンリー・ムーアは素晴らしいな！」と感心するに違いありません……と妄想するうち、そのフォルコラの向こうに立て掛けられている、腰に手を当てた若者に前屈《まえかが》みの老人がなにやら熱心に語りかけているモノクロームの写真が気になりだしました。その若者がパオロさんだということは一目で分かりました。もちろん、決め手はモジャモジャの髪です。でも、老人のほうは誰？

さて、ここからは、パオロさんから聞いた「師弟の物語」です。

パオロさんは、一九六七年ヴェネツィア生まれ。生粋のヴェネツィアっ子で、子供のころから工作、とりわけ木工が好きでよく木を削って遊んでいたそうです。あるとき可愛がってくれていた伯父さんが「そんなに好きなら、本気でやってごらん」と背中を押してくれたので、十六歳のとき、初めて見よう見まねでフォルコラを作り、それを持って著名なフォルコラ職人だったジュゼッペ・カルリ氏の工房を訪ねました。初対面のカルリ氏（パオロさんはカルリ氏のことを敬愛を込めて「マエストロ」と呼ぶので、ここからはそう呼ぶことにします）に自作のフォルコラを見てもらったのです。そのころマエストロは七十歳に近かったのですが、パオロ少年の作品を見て、細かくアドヴァイスしてくれた上、帰りがけにお土産にフォルコラを作るための材料もくれました。おそらく「今度来るときは、この材料で作って持っておいで」という気持だったのでしょうね。そのころパオロさんは工業高校の電気科で学んでいましたが、その方面にはあまり興味はなく、最終学年の十七歳のときに意を決してマエストロに正式に弟子入りし、フォルコラの製作や櫓の修理などの仕事を手伝いはじめました。マエストロは胸を病んでおり、引退を考えていたのでパオロさんには短時間で熱心にいろいろなことを教えてくれたそうです。そして「パオロよ、お前は神様が私に贈ってくれた使徒のようなものだよ」とよく話していたと言います。敬虔なカソリック信者だったマエストロにとってパオロという使徒名を持つ若者が自分の前に現れたのは、単なる偶然ではなく「神の思し召し」に違いないと思えたのでしょうね。パオロさんはこの話を低い声で淡々と語りましたが、心に沁みるような「いい話」だなと私は思いました。それから四年ほど経った一九八八年にマエストロが入院すること

アパートの最上階にあるパオロさんの住まい。随所に手作りの家具や棚が設えられていて（木工はお手のものです！）、独身男性とは思えないほど隅々まで整理整頓され、掃除の行き届いた素敵な住まいだった

パオロさんは工房から徒歩10分ほどのところにある、庶民的な地域のアパートに住んでいる。色とりどりの洗濯物が頭上にひるがえり、ヴェネツィアの下町情緒満点

作業の手を休めて私のインタヴューに応えてくれるパオロさん。髪モジャ、髭モジャ、クリクリ目、短めの皮のエプロン、そのままで映画に出演できそうな渋い味のあるキャラクターです。背後の祭壇コーナー(?)に天窓から光が射し込みはじめました

仕事を頼みにくるゴンドリエーレは工房裏手の運河伝いにやってくる

になったので、パオロさんは二十一歳でマエストロから現在の工房を「居抜き」で引き継いで独立しました。建物だけでなく、機械や道具はもちろん、型板や治具《じぐ》などフォルコラ製作に必要な道具を一式まるごと引き継ぐための資金は両親が出してくれたそうです。

そして、マエストロ=ジュゼッペ・カルリ氏は一九九九年に亡くなりました。パオロさんは「マエストロはね、父親みたいな存在だったんだよ」としみじみした口調で結びました。

ヴェネツィアには「ヴァポレット」という水上バスのほかに、大運河《カナル・グランデ》のこちらと向こうを行き来する「トラゲット」と呼ばれるゴンドラの「渡し舟」があります。私はこのトラゲットで大運河を渡るのが大好きで、ゴンドラ漕ぎの技術《わざ》をマスターして「トラゲットの船頭になれたらなぁ」と、乗るたびに本気で思います。子供のころ「櫓漕ぎ」を習得できなかった私が、この歳になって「ゴンドラ漕ぎ」ができるわけはないのですけれど……。

こぼれ話

長年、建築設計と家具デザインを教えていた私立大学は65歳が定年でした。

還暦を過ぎたころ、定年退職したら少し長めの休暇をとってどこか外国の街で暮らしてみようと考えていました。「どこか外国の街」と書きましたが、じつはお目あての街がありました。そう、ヴェネツィアです。

ここ10年ほど、毎年なにかしら理由をつけてはヴェネツィアを訪れていました。そして、街の散策と探索を繰り返すうちに、世界に冠たる観光のメッカでありながら、観光客のひしめき合うお祭り気分の観光ルートから一歩外れた小径に歩み入ると、そこには穏やかで着実な暮らしを営む庶民《ヴェネツィアっ子》がいることや、路地の奥に彫刻家のアトリエ、ステンドグラスの工房、マーブリング紙の工房、活版印刷所、靴職人の工房、ダマスク織りの工場……など「モノ作り」の仕事場が意外に多いことに気づくことになり、ますますこの街にのめり込んでいきました。そして、とうとう4年前からはアパートを借りて、初夏の1～2か月をヴェネツィアで暮らすようになりました。

「フォルコラ」という名のゴンドラのオールを支える部材を作る職人のパオロさんの工房も観光客で賑わう通りからほんの一歩入り込んだ薄暗い路地の角にあります。道路際にサイン代わりにフォルコラが出ているので、「おや！」と目をこらすと開け放たれた扉の向こうで作業に没頭しているパオロさんのカーリー・ヘアが目に飛び込んで来る恰好です。

取材後もこのあたりを散歩する時は、立ち寄って戸口から声を掛ける慣わしですが、パオロさんは相変わらず驚いたそぶりは見せず、「チャオ！」と言って軽くうなずき、ウィンクを返してくれます。

画家
綿引明浩さんの巻

住まいをこんな状態で維持できるのは、性格でしょうか、信念でしょうか、意志でしょうか、執念でしょうか、美意識でしょうか……。

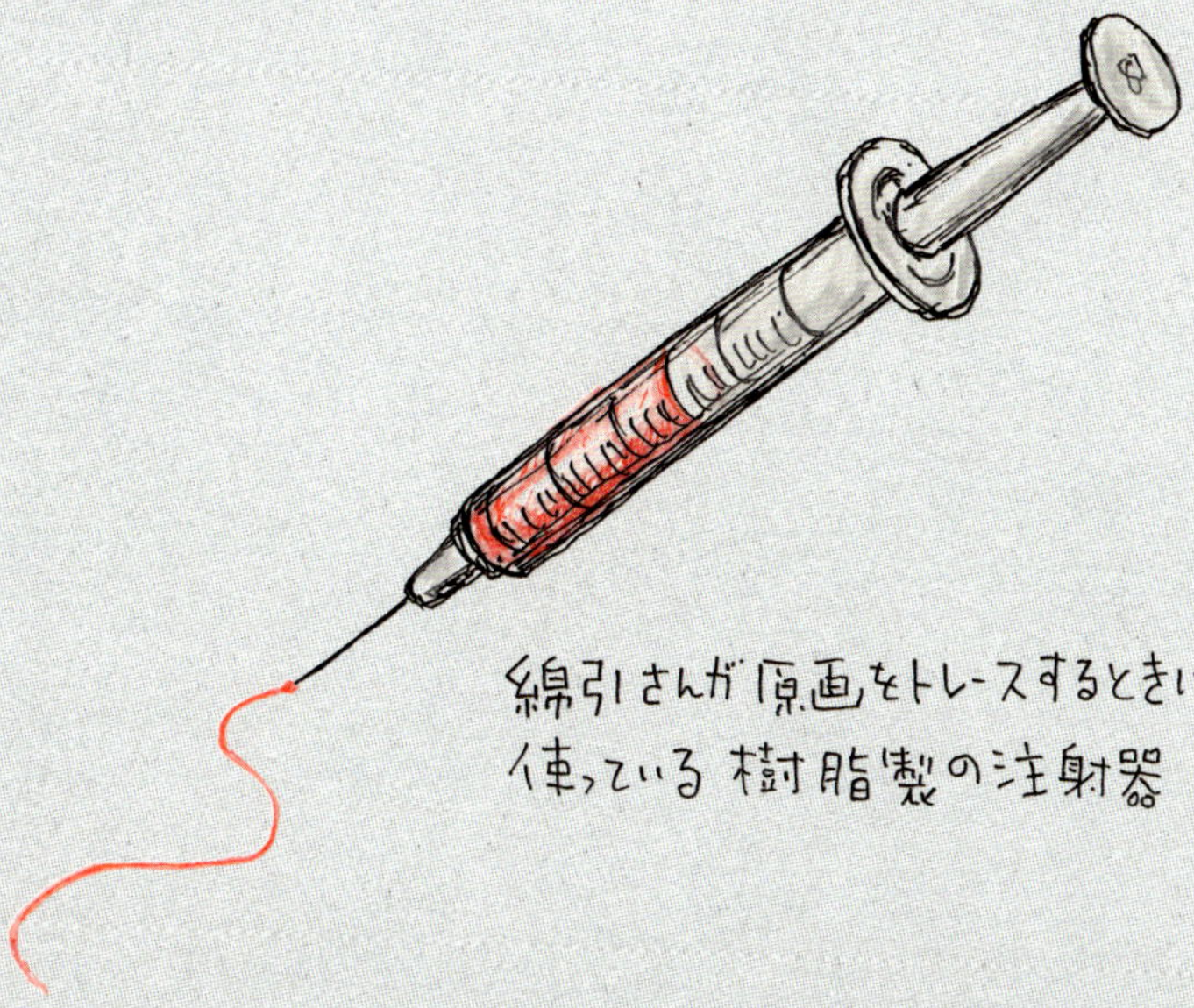

綿引さんが原画をトレースするときに
使っている 樹脂製の注射器

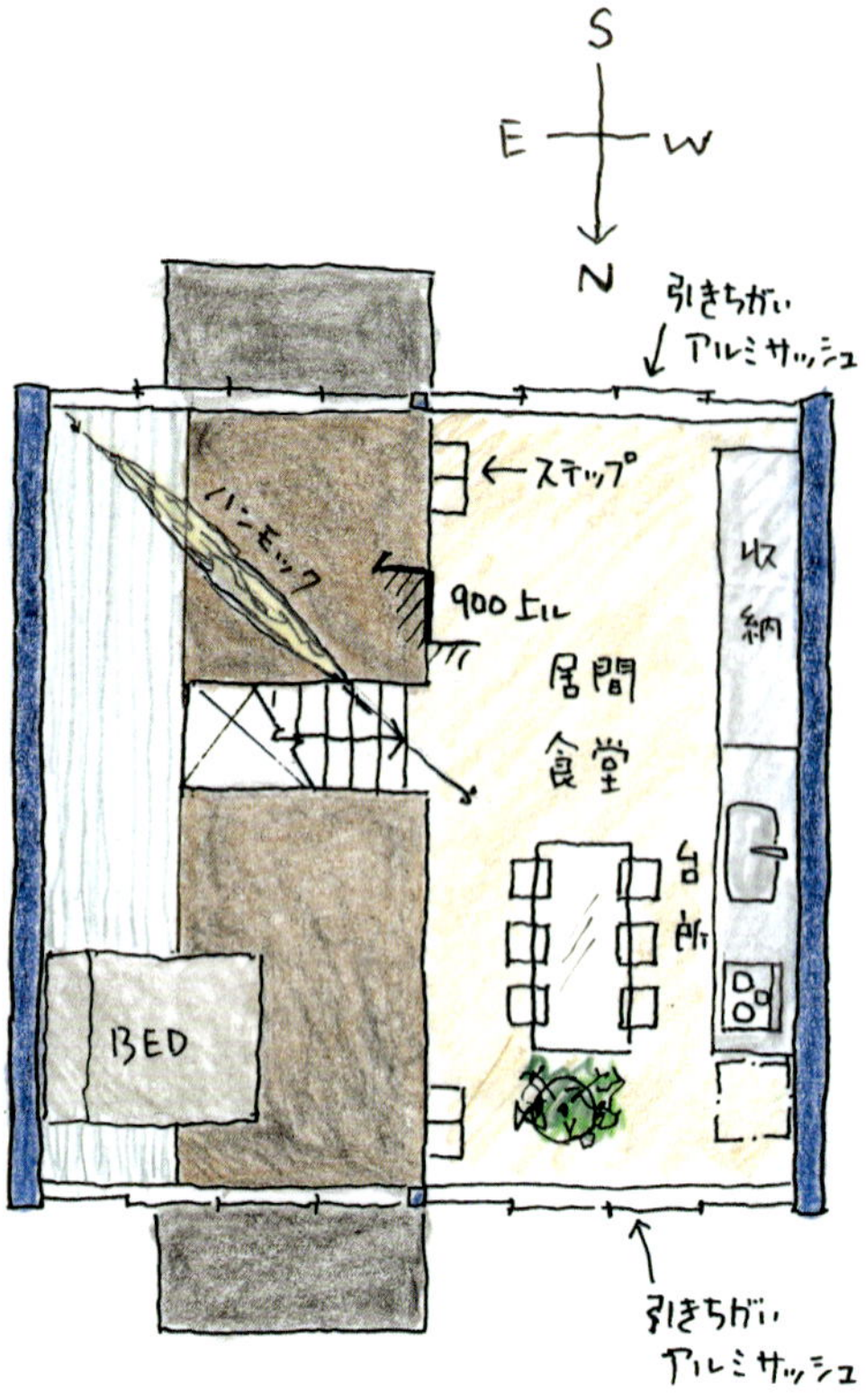

中2階平面図

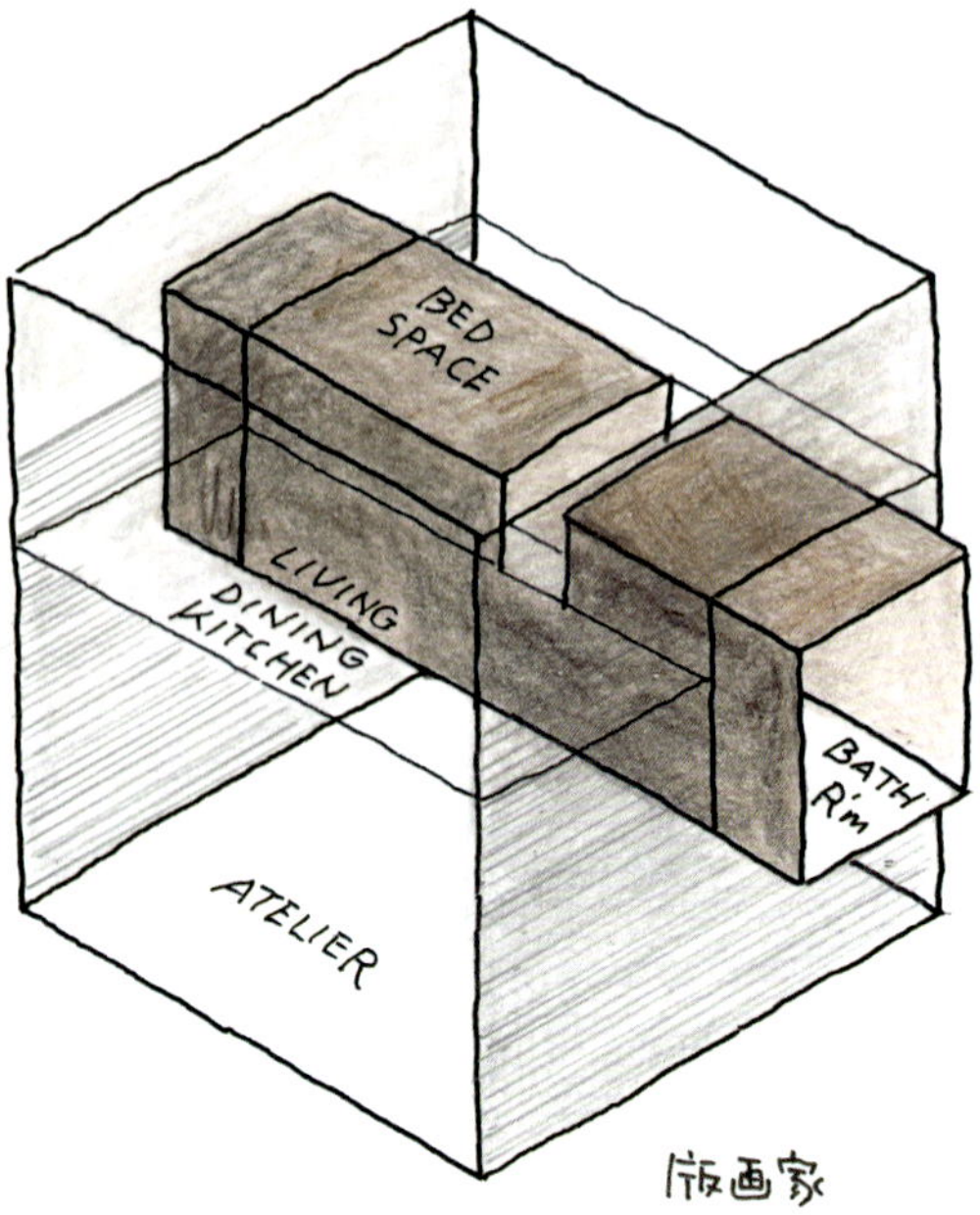

版画家
綿引明浩さんの
アトリエ住居

二十数年前の秋、今は故人となられた建築家の宮脇檀さん（一九三六―九八）から、突然、電話がありました。千葉県習志野市にある日本大学生産工学部に女子学生を対象にした「住宅設計塾」的な特別コースが開設されることになり、自分が主任教授を引き受けることになったので「一緒にやらないか？」という非常勤講師のお誘いの電話でした。「住宅設計塾」という言葉に大いに心が動きましたが、そのころ私は、週一回、他の大学で教えていましたし、自転車操業のアトリエ事務所の常で、貧乏ヒマなしの毎日を送っていました。そんなありさまなので、宮脇さんには習志野まで教えに行く時間が取れそうにないことを伝え「とても残念なのですが……」と丁重にお断りしました。すると宮脇さんは、ガラリと声のトーンを変え、いくらか「べらんめえ調」でこう言いました。「だけど、中村クンなぁ、女子学生対象の特別コースだから、ピチピチギャルが一学年に、三十人もいるんだぜ」

こうなると日本を代表する有名建築家も、友達に「おい、ナンパしに行こうぜ」と誘いかけるニキビ面の高校生と変わりがありません。こういうアッケラカンとした俗っぽさが宮脇さんの愛すべき持ち味でした。そして、宮脇さんが早口に熱弁する「住宅設計塾」の独創的な教育方針のアイデアを聴いているうちに、私の瞼の裏で、ピチピチギャルたちが、生き生きと躍動しはじめました。……で、私はこう答えました。「なんだか、時間が取れそうな気がしてきました。講師の話、お引き受けします」

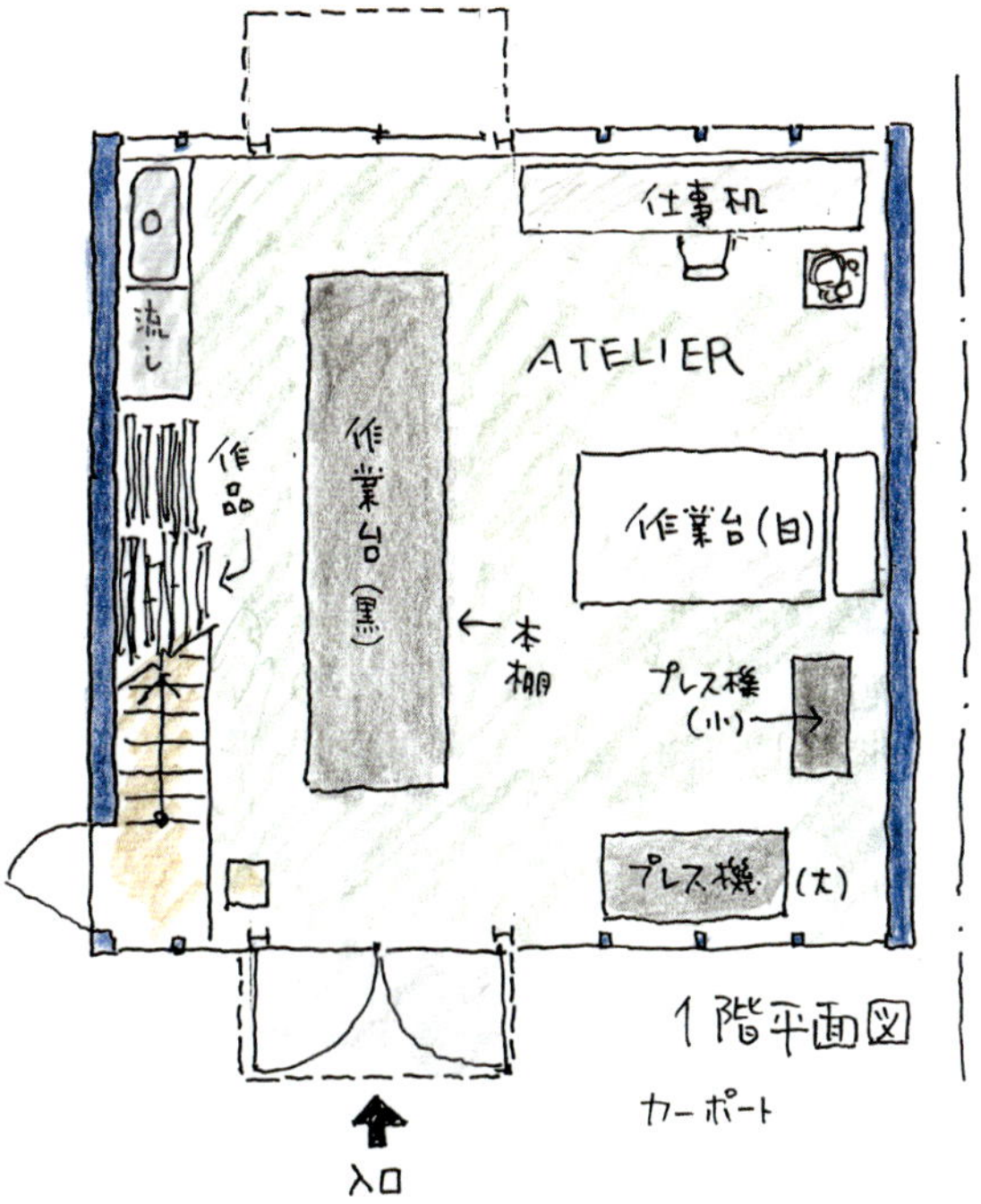

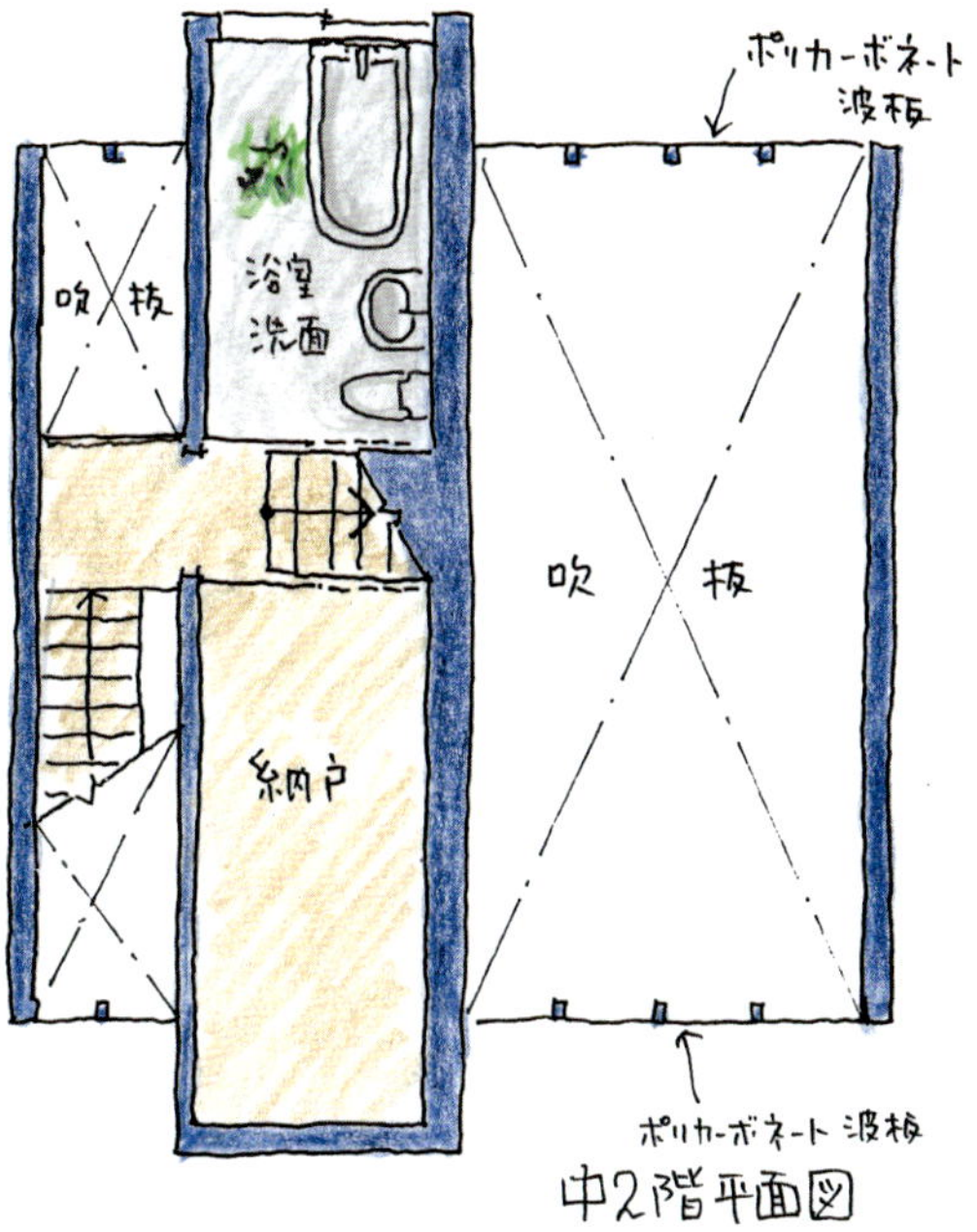

南側の壁に突き抜けて出て来た「筒」。この部分にバス・トイレ・洗面所がある。「この部分は、もうちょっと張り出しても良かったかなぁ」は、綿引さんのひとりごと

カーポート側から見た《SET》の北側外観。建物からヌーと突き出している部分は納戸

以来、私はずっとこの大学で建築設計と家具デザインを教えています。

宮脇さんが初代の塾長を務め、その後を私が引き継いだ「住宅設計塾」の正式名称は「居住空間デザインコース」といいますが、今回登場する画家の綿引明浩さんのアトリエと住まいは、長年、このコースで私と一緒に設計を教えている渡辺康さんの設計です。

渡辺さんと綿引さんは東京藝術大学の同級生で、学生時代はワンダーフォーゲル部のキャプテンと副キャプテンだったといいますから、ただの同級生以上の信頼関係と親密な付き合いがあったにちがいありません。そんな気の置けない関係から生まれたアトリエ住居を、渡辺さんは《SET》と名付けて八年ほど前に、建築雑誌（『住宅特集』二〇〇六年二月号）に発表しています。《SET》という名前の由来については後で触れることにして、まずはこの建物をじっくり見学させてもらうことにしましょう。

埼玉県吉川市にある《SET》を訪ねたのは、七月の猛暑の日でした。箱形の建物から四角い箱が突き出した特徴的な外観の家の脇に車を停めて降りるなり、待ち構えていた灼熱の太陽が、熱した鉄鍋をかぶせるように照りつけて、思わず立ちくらみするほどでした。その強烈な陽差しの中を綿引夫妻がそれぞれに団扇をたずさえて笑顔で出迎えてくれました。

整然としたアトリエ内部。南北は大きな開口部で制作に最適な採光が得られる。銅版画のための大小ふたつのプレス機はアトリエの主(ぬし)のような存在感

「綿引さん、いい人ですよ。奥さんも、いい人」

渡辺さんからこう紹介されていましたから、初対面の緊張はありませんでしたが、芸大を首席で卒業した画家と聞いていたので、もしかしたら長髪を後頭部で結んだ総髪、ひげ面、鋭い眼光、ニヒルな面構え……ということもあるかもしれないと、いくらか身構えてもいました。でも、実際にお会いしてみると、綿引さんはいわゆる芸術家然とした「ひと癖ある感じ」や「気むずかしい感じ」は、みじんもありませんでした。高校時代の物理の先生によく似ていたこともありますが、面倒見のいい担任の先生といった雰囲気の方でした。

さて、その綿引さんのアトリエには、カーポートに向かって全開されている両開きの扉から入ります。この扉の上部を先ほど書いた「四角い箱」がドーンと張り出していて、ちょうど玄関庇の役目をしています。アトリエの床とカーポートの床にはほとんどレベル差がないことと、文字通り敷居が低く、靴のまま入るのでいつの間にか室内にいる感じになります。ただし、気楽な気分はここまでで、アトリエに入ったとたんにピーンと張り詰めた空気に触れて、一瞬、思わず居ずまいを正していました。アトリエは隅々まで整理整頓され、チリひとつ見あたらないほど掃除が行き届いていました。プレス機などの大型の道具も、大きな作業机も、各種画材も、資料も、本も、梱包された作品群も、すべてはしかるべき場所に、しかるべきルールに従って几帳面に整理され、収納され、それはそれは見事に片付いていました。このことで、アトリエ全体に侵しがたい秩序感と厳粛な空気が漂っていたのです。

整理整頓、清潔清掃のアトリエの第一印象が強烈だったので、話が前後してしまいましたが、《SET》と名付けられたこの建物は空間構成に大きな特徴があります。ごくかいつまんで言うと、カタカナのコの字を反時計回りに九〇度回転した「門型」の中空に、「羊羹の空箱《からばこ》」のような四角い筒を差し込んだ形をしています（一三〇ページ参照）。そして、このことで生まれる多様な場所と空間を、制作空間と生活空間に割り当てるという建築的なアイデアです。

渡辺さんは建築雑誌で、このユニークな空間構成を、数学用語の「集合＝SET」と「部分集合＝SUBSET」の概念図に重ね合わせて解説しており、《SET》の命名もこれに因ったと説明しています。「羊羹の空箱」などという俗っぽいたとえではなく、教養の引出しからおもむろに「数学」を持ち出して説明するあたり、ニクイですね。

アトリエは天井高が四メートルほどもあるたっぷりとした空間で、向かい合わせになった南面と北面の壁一面には乳白色のポリカーボネートの波板で仕上げられています。このため、室内全体が拡散された柔和な自然光に満たされ、障子を閉《た》てた和室のような静寂と穏やかな空気感が醸し出されていました。アトリエには充分な照度と安定した採光がなによりも大切ですが、この照度と制御された自然光の質は細密な筆致を身上《しんじょう》とする綿引さんの作品を生み出すための、申し分のない環境に思え

（左）アトリエの天井高４メートルの大らかな空間。乳白色のポリカーボネートの波板を透過して柔和な自然光が入ってくる

ました。

ガラスとちがって建物の外部に面する部分に全面的に使用するには強度と耐候性の点でやや不安があることと、チープな印象をまぬかれないポリカーボネートの波板を使って大きな壁面を作るのはそれなりに覚悟のいることだったと思いますが、そのあたりの割り切りの良さ、また、こういう素材を積極的に使おうとするところに渡辺さんらしさと剛胆なセンスがよくあらわれています。もちろん、その決断の背後に綿引さんの理解と信頼関係があってこそだろうことは言うまでもありません。


アトリエ上部を見上げると、空中を「筒」（ここから、こう呼ばせてもらいます）が飛んで波板の壁面の向こうに突き出していく様子が見て取れました。

「筒」の左脇をすり抜ける階段を十一段上り、中二階の踊り場で右に曲がって、今度はクレバスのような「筒」の割れ目に設けられた階段を肩をすぼめる感じで七段上ると、そこが居間・食堂・台所です。先ほどアトリエの見事な整理整頓ぶりについて書きましたが、このワンルームはそれをさらに徹底し、モノというモノを徹頭徹尾排除した静寂閑雅な居住スペースです。

正面のふたつの黒いかたまりは、本文の中で「羊羹の空箱」にたとえた建物に貫入する筒。左側には納戸、右側にはバス・トイレ・洗面所がおさめられている。90センチ上がった部分にベッドマットが見える

小型のプレス機とそのプレス機で制作された銅版画を集めた額。このプレス機に憧れて銅版画家になる人も多そうな気がします

2階北側の食堂部分を見る。所帯じみたモノは綺麗さっぱり片付けられている。スチール製のテーブルと椅子のデザインは設計者の渡辺康さん

そこにあるのは、ダイニングテーブルと椅子、流し台の上のポット、棚の上の小型TV、観葉植物、それに、壁面に取り付けられた横一文字の棚に、ポツリ、ポツリと並べられた綿引さんのフィギュアたち。たったそれだけ。

この室内を眺め渡していると「整理整頓」という言葉は、モノがあるときにはじめて使える言葉だったことに否応なしに気づかされます。住まいをこんな状態で維持できるのは、性格でしょうか、信念でしょうか、意志でしょうか、執念でしょうか、美学でしょうか……、いずれにしろ、自分たちの住まいと暮らしに対するきめ細かな検証と惜しみのない愛情が根底になければできないことです。

温厚篤実そうにお見受けする綿引夫妻と、静謐な室内の様子を交互に見くらべているうちに、私の中に見上げるような気持が込み上げてきました。

あらためて考えると、この住まいは、室内の簡素さゆえに建築の構成の巧みさが際立つ建物です。

下から伸び上がってきた波板の外壁は二階の床上九十センチのところで終わり、その上部は透明ガラスを入れた引きちがいのアルミサッシになっています。ダイニングチェアに座ると周辺の家々の屋根は視界から消え、真っ青な夏空が切り取られて見えました。また、床上九十センチは、このワンルームの真ん中から一段上がったところにある寝室コーナーの床レベルでもあります。寝室といっても部屋ではなく、あくまでワンルーム

絵の具を入れた注射器を器用に使いこなして見せてくれた

作品の手法について質問責めにする私に丁寧に応えてくれる綿引さん

浴室には西洋式の大きなバスタブがシンボリックに置かれている

の一隅で、ここに上がるには腰板から突き出した二段のステップを使います。蹴上げが三十センチになることと、板きれ二枚の階段なので、慣れないと「おっかなびっくり、ヨッコラショ！」という感じにはなりますが、這い上がって低いマットにゴロリと横になれば、空に浮かんだ筏に寝ている気分が味わえるはず。

さらなる浮遊感を味わいたければ、クレバスの南側に吊られているハンモックに寝るという手もあります。

さて、ここで先ほど素通りした中二階、すなわち建物の北側と南側に突き出した「筒」の内部もチラリとのぞいてみましょう。クレバスを挟んで北側の箱の中は細長い納戸で、この中に生活に必要なモノ、所帯じみたモノのほとんどが「整理整頓されて」上手に収納されています。洗濯機もここにありました。そして通路を挟んだ南側は広々としたバス・トイレ・洗面所です。大きなバスタブが、南面した窓に向かってシンボリックに置かれていました。

《SET》は、住み手の「住まう能力」の問われる建物ということになると思いますが、綿引さん夫妻は「居心地の良さ」も「住まうことの愉しみ」も自分たちで発見し、自分たちの「住まい方の文法」も確立して悠々と住みこなしています。建築家と住まい手の関係、建物と暮らしの関係が深く印象に残った真夏の午後のひとときでした。

こぼれ話

本文の最初にも書きましたが、取材した日は猛烈に暑い日でした。

到着したとたんに綿引夫人の若菜さんから団扇を渡されたこと、冷たい飲み物をゴクゴクと一気に飲み干したこと、話の途中でアイスキャンデー（子供のころ大好物だったスティックアイスでした）を出してもらい、みんなして笑いながらペロペロ舐めたことなど、今でもよく憶えています。そんな暑さでしたから、綿引さんはアトリエにエアコンがないことを申しわけなさそうにしていましたが、不思議なことにアトリエが暑かったという記憶はありません。それより、どこかヒンヤリした感じを覚えたことのほうが感覚として身体に残っています。

隅々まで整理整頓され、チリひとつなく掃き清められたアトリエは、乳白色のポリカーボネートの波板で濾過された光に満たされていましたが、いま思えば、その清澄な空気感から、ぼくは漠然と高原に漂う朝霧を連想していたのかもしれません。

取材後、綿引さんから個展の案内を頂戴しました。

さっそく渋谷のギャラリーに駆けつけて精密に描かれた作品に見入っていると、どの絵にもアトリエのヒンヤリした空気が宿っているように感じました。中でもいちばんその空気感の感じられる小品を譲ってもらうことにしました。ツリーハウスを描いた愛らしい作品でした。

陶芸家

武田武人さんの巻

住宅の良し悪しは、建築的なコンセプトや創意工夫や、ディテールなど、
建築的な意味での出来・不出来によって決まるのではなく……。

ぼくが初めて買った
武田武人さんの陶器
(pot)

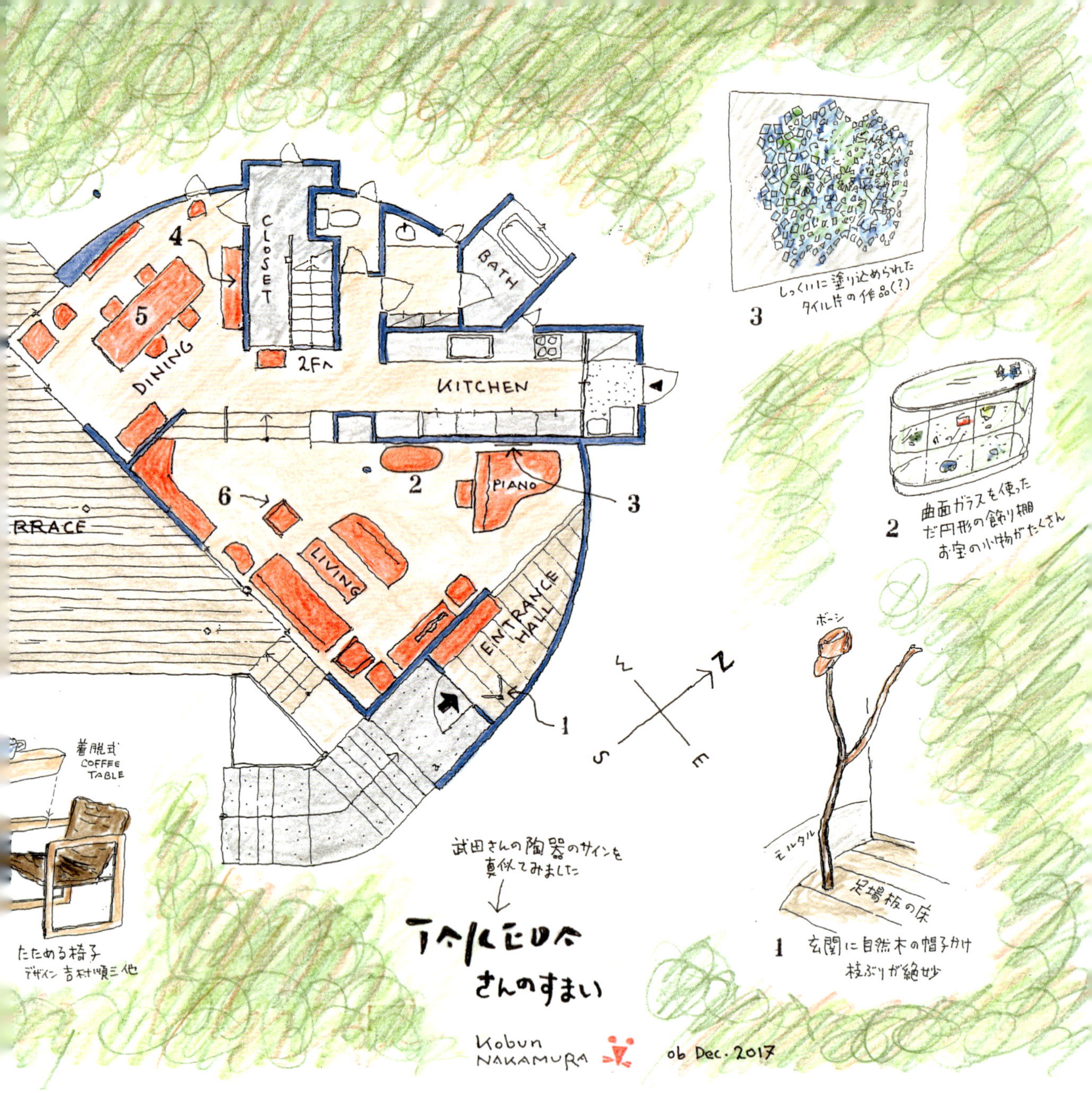

CLOSET
BATH
2Fへ
DINING
KITCHEN
PIANO
LIVING
ENTRANCE HALL
RRACE
W
N
S
E
しっくいに塗り込められた
タイル片の作品(?)
3
曲面ガラスを使った
だ円形の飾り棚
お宝の小物がたくさん
2
ボーシ
モルタル
足場板の床
1 玄関に自然木の帽子かけ
枝ぶりが絶妙
着脱式
COFFEE TABLE
たためる椅子
デザイン 吉村順三他
武田さんの陶器のサインを
真似てみました
TAKEDA
さんのすまい
Kobun
NAKAMURA
06 Dec. 2017

学生時代から憧れていた建築家の吉村順三先生の設計事務所に入ったのは、一九七六年の晩秋で、そのときぼくは二十八歳になったばかりの若造でした。

吉村先生は「住宅を作らせたら右にでる者はいない」といわれるほどの住宅設計の名人でしたが、同時に家具デザインの名手でもありました。ぼくは学生時代から住宅設計と家具デザインを自分のライフワークの両輪にしたいと考えていましたが、そのころは都立の品川職業訓練校の木工科で家具職人の修業をしていたこともあり、建築のことはしばらく脇においておいて、少し腰を据えて家具に取り組みたいと考えていた時期でした。そんなわけで、吉村先生には「家具デザインの助手をさせて下さい」とお願いして、入門のおゆるしを得たのでした。

吉村設計事務所に在籍していた四年間は建築設計ではなく、

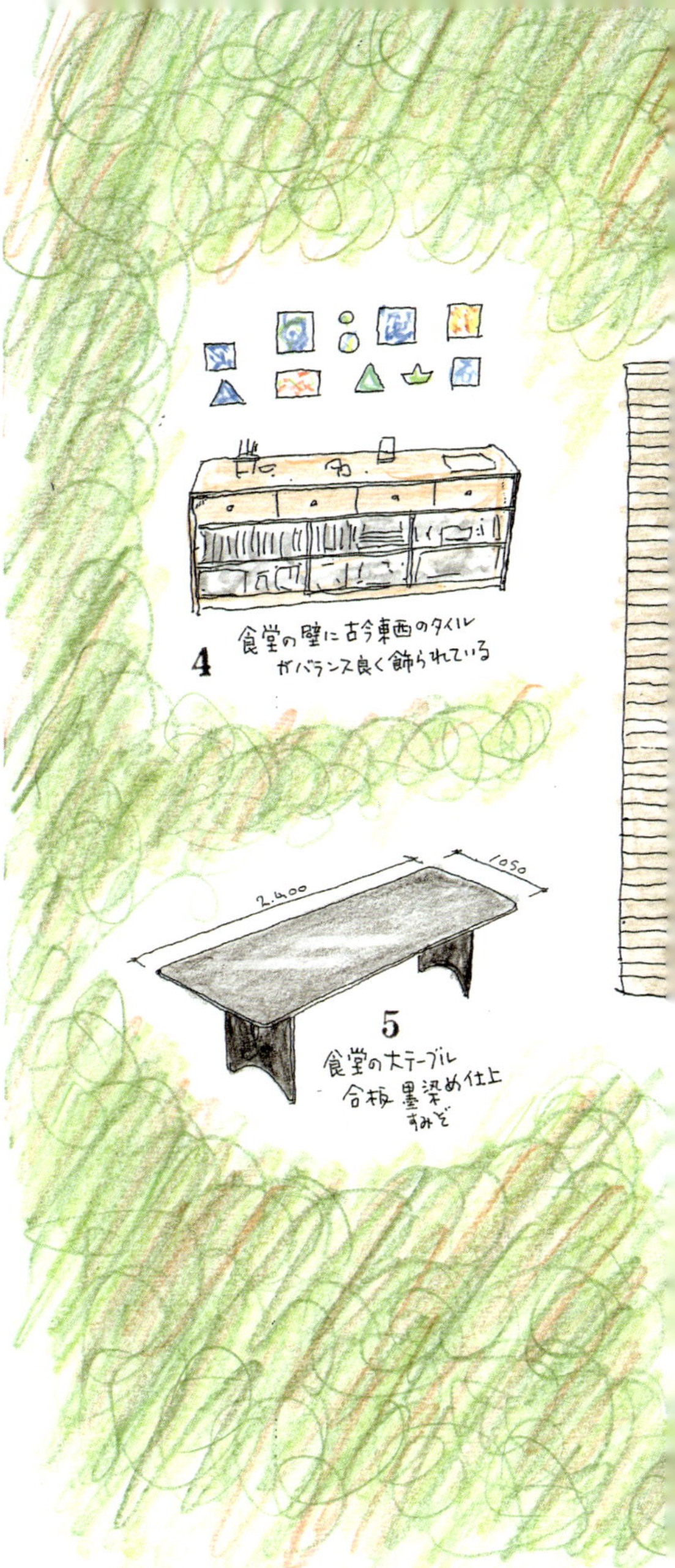

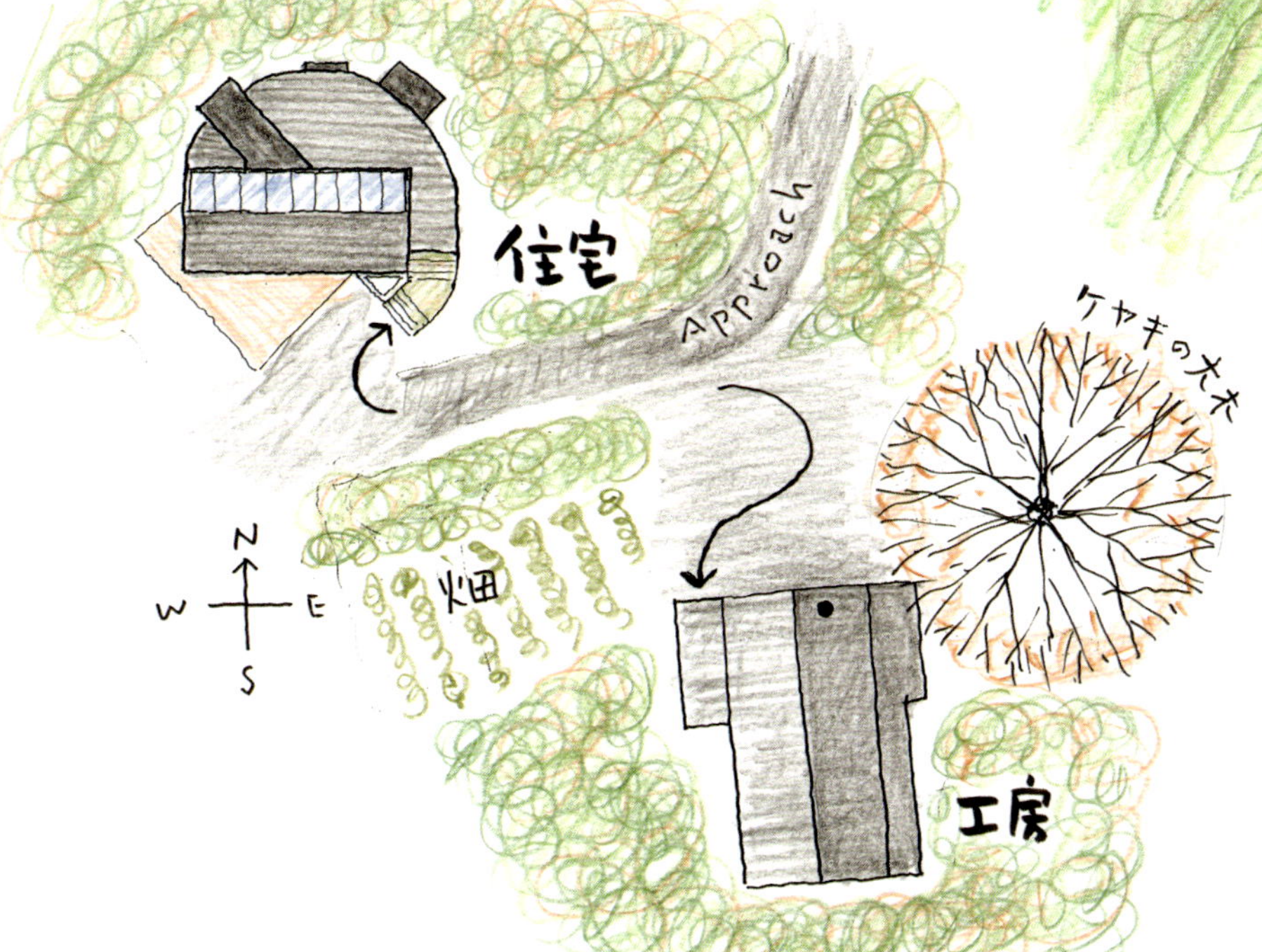

（右ページ）武田さんの住まいと工房は南伊豆の穏やかな風景の中にひっそりと佇んでいる。ゆるやかな坂道を登り切る手前に工房、登りきったところで右手を見上げるとそこが住まい。訪れるたびに工房と住まいの位置関係、高さ関係、距離関係がじつに上手くいっていることに感心することしきり

吉村先生の下で家具デザイン（それも主に「折りたたみの椅子」のデザイン）の仕事をしていました。仕事……といっても、家具デザインは吉村先生の余技というか、趣味のようなものでしたから、建築設計のスタッフのような締め切りも残業もなく、朝九時半から夕方五時半まで働くと、あとは自由な時間で、自宅に帰る前は毎日あちらこちら寄り道して帰りました。

寄り道の筆頭は「古道具坂田」でした。

坂田和實さんの経営するこのお店は、目白駅と吉村事務所を結ぶ通り道にありましたから、帰りがけにちょっと立ち寄って雑談して帰る慣わしになっていました。

じつは、そのころ、ぼくには目白にもう一か所、寄り道スポットがありました。

そこは「三春堂」という書店とクラフトギャラリーが合体したお店で、友だちの家の居間のように居心地の良いところでした。今でこそ日本各地にクラフトギャラリーと呼ばれるお店はたくさんありますが、おそらく「三春堂」は日本のクラフトギャラリーの草分け的な存在だったと思います。

こぢんまりした店なので書店としての本の数は限られていましたが、本棚には店主の三春さんが選りすぐった、美術書、工芸書、建築書が整然と並べられていました。つまりぼくのような職業の人間には願ってもない寄り道の場所だったのです。

陶芸家の武田武人さんの作品には一九七八年にこのお店で出会いました。ここは書店であり、同時にクラフトギャラリーですから、本棚以外の棚やテーブルの上には工芸作家たちの陶磁器やガラスの作品がいつも美しく飾られていました。そして、なかでもひときわ異彩を放っていたのが武田さんの陶芸作品でした。陶芸作品と書きましたが、そのほとんどは普段の暮らしで使える食器や花器でした。陶芸家やガラス作家にはときおり「Hitori Yogari」とタイトルをつけたくなるようなオブジェ的な作品があってウンザリさせられますが、武田作品は独創的なオブジェ性を備えていながら「用」に対するきめ細かな配慮もうかがえて、たちまちぼくの心を鷲づかみにしました。

驚いたことに、作品のどれもがそれまでにぼくが「見たこともない形」をしており「見たこともないテクスチュア」を纏《まと》い「見たこともない色彩」で彩られていました。

なによりも、それぞれの作品のすべてが武田武人という陶芸家ならではの独特の「感覚《センス》」と卓越した「陶芸技術《テクニック》」に貫かれていることを直覚しました。そして、その「感覚」と「技術」に対して、ぼくは共感すると同時に見上げるような気持を抱いたのでした。

ぼくが最初に買った武田さんの陶器は大振りのポットです。このポットは円筒形のボディと、円錐形の注ぎ口と、半球形のフタとコの字形の把手で構成されていました。つまりすべて幾何学形態の組み合わせです。色はひとことで言えば黒茶で、表面はうっすらとしたツヤで底光りしていました。その色とテクスチャーと形が相俟《あいま》って醸し出される雰囲気は、紅茶のポットなどにありがちな小市民的な可愛らしさとは対極にあるもの

幾何学的な立体に「武田カラー」ともいうべき彩色が施されるのが、作品のもうひとつの魅力。轆轤の傍らの窓辺にひしめき合う「色」と「形」

武田さんの陶芸作品の特徴は幾何学を駆使した立体的な造形。その可能性の追求の軌跡を工房内のそこここで興味深く見ることができる

でした。このポットを見たとき、最初にぼくの頭に浮かんだ言葉は「軍艦」でしたが、よく見ているうちに溶鉱炉の脇にでも置いてあったら機械油の沁み込んだ鋼鉄製の部品の一部に見えるかも知れないなと思ったりしました。

そうそう、うっかり書き忘れましたが、円筒形のボディの下に円筒形より一廻り大きい台座のようなモノが付いていることで、いわゆるポットの印象から一歩も二歩も遠ざかり、三歩も四歩も機械部品に近づいているように見えました。そして、このポットにどこか初期のバウハウスのデザイン（たとえばルチア・モホーリィの作品）の匂いのするところにぼくはとくに心惹かれたのでした。

このころ武田さんは、毎年「三春堂」で個展を開いていました。もちろんぼくはこの個展の初日に毎回駆けつけて（……といっても三春堂は吉村事務所から徒歩五分の至近距離です）、毎年、設計事務所の薄給をやりくりして、なにかしら気に入った武田作品を買い求めていました。

「武田さんが伊豆でセルフビルドした家に住んでいる……」という話を、いつ、誰から聞いたのか忘れてしまいましたが、ともかくそのことを知ったぼくは武田さん夫妻の住まいと暮らしぶりを見学したくなり、武田さんにお願いしてその家を「押しかけ見学」させてもらったことがありました（図々しくもこのときは「押しかけ見学」だけでなく、ご馳走になったあげく泊めてもらいました）。

武田さんがセルフビルドした家というのは、軽量鉄骨のプレ

工房内部は、一見、雑然と見えるが、よく見ると隅々まで見事に整理整頓されている。工房には身の引き締まるような空気感が漂っている。とりわけこの轆轤の周辺からは「勝負の場所」ならではの濃密な気配を感じる

ファブハウス（いわゆる「現場小屋」です）の外壁に杉板を張って濃紺に塗装し、武田夫妻好みに内部を設えたものでした。建築的に見れば、構造的にも性能的にも簡素きわまりない造り（失礼をかえりみずにいえば「安普請」）でしたが、武田さん夫妻の「好み」や「こだわり」が隅々まで行き届いたセンスのいい住まいぶり、暮らしぶりによって、そこが「安普請」であることをまったく感じさせない豊かな住まいに昇華していたのでした。

その住まいの外観を眺め、室内を歩きまわりながら、ぼくは繰り返しロサンジェルスにあるチャールズ・イームズ夫妻の自邸、《CSH No.8（八番目のケース・スタディ・ハウス）》のことを思い浮かべていました。というのは、じつは、イームズ夫妻の住まいも工場などのローコストの建物用に作られた既製品の鉄骨部材で骨組みを作り、ガラスとパネルでごく簡素に囲った一種の「箱」でした。そして、イームズ夫妻はその大らかな「箱」

床に沈み込んだラウンジピット的な居間から、幅広のステップを３段上がった食堂方向を見る

の中に、自身のデザインした家具をはじめ、色彩豊かな工芸品、民芸品、雑貨・小物などのコレクションを飾り、大きなおもちゃ箱のように設えて楽しげに暮らしていましたが、武田さんの暮らしぶりと住まいぶりが、イームズ夫妻のそれと重なって見えたからです。

　このときの武田さん宅訪問で受けた刺激と感銘は今でも忘れることができません。

　ある意味でそれは、それまでのぼくの建築観と住宅観を大きく変える「事件だった」といってもよいかもしれません。紙面の都合でここではそのことについて詳しく触れることはできませんが、ごく手短に言えば、住宅の良し悪しは、建築的なコンセプトや創意工夫や、ディテールなど、建築的な意味での出来・不出来によって決まるのではなく、そこで営まれる日々の暮らしの質（背筋の通った暮らしぶりや住まい手の品格と呼んでもいいと思います）によって決まるものだということです。

　建築家という人種は、独創性や話題性を過剰に意識するきらいがありますし、設計に斬新奇抜なアイデアや、理屈ぽい趣向（これを「コンセプト」と呼ぶのが建築家の流儀です）を盛り込みたがる、ちょっと困った傾向があるように思います（もちろん建築家にはそういう大向うの受けを狙う野心家ばかりではなく、しっかりと地に足の着いた仕事をする「物言わぬ多数派《サイレント・マジョリティ》」がいます）。でも、武田さん夫妻の住まいぶりをつぶさに見学していると、そんなことより、家というものは、そこに住む人の日々の暮らしを大らかに包み込み、できれば住まい方の新しい可能性や、生活の愉しさを引き出し、巧みに演出する舞台としてのポテンシャルを備えているかどうかのほうがずっと大切なのだ……ということに気づかされるのでした。

武田さん夫妻のお宅を久しぶりに訪れたのは、街角のショーウィンドゥにクリスマスの飾りつけが目立ちはじめた二〇一七年の十二月初旬のことでした。

伊豆の下田に向かう特急「踊り子号」の車窓を流れて行くのどかな冬晴れの風景を眺めていると、仕事に追われる慌ただしい時間も、身体にまとわりついている慢性的な疲労感も吹き飛んで、身も心も軽やかになっていくようでした。暖かな冬の陽差しがグレー・ベージュに冬枯れた山々を優しく抱擁する様子を眺めるのは至福のひとときですが、伊豆急下田の駅から武田さんのお宅までの鄙びた道のりは、いっそう美しい南伊豆の風景を分け入るように辿ります。

タクシーを降り、冬の午後の穏やかな陽を浴びて雑木の森に埋もれるように佇む武田さんの住まいを仰ぎ見ながらアプローチの坂を登り切ったところで、武田さんの「やあ!」と、志のぶ夫人の「いらっしゃい!」の明るい声と笑顔が迎えてくれました。武田夫妻と知り合ってからかれこれ四十年ほど経ちますが、ぼくは何度この「やあ!」と「いらっしゃい!」に迎えてもらったことでしょう。ぼくとしては「ただいま~!」と言いたい気持で玄関に足を踏み入れました。

板張りにした玄関の床、二股に分かれた小振りの木の幹を利用した帽子とコート掛け、グランドピアノとバッハの楽譜、そのとなりの楕円形のガラス棚……目に飛び込んでくるモノのひとつひとつが「いつもと同じその場所」つまり「あるべき場所」にあって、室内に落ち着きと懐かしい空気を醸し出しています。とりあえず居間の椅子に腰を下ろして雑談をしかけましたが、カメラマンの雨宮さんと目が合って「そうだ、今日は取材に来たんだった」と思い出し、腰を落ち着ける前に工房から見学させてもらうことにしました。

切妻屋根の工房は母屋の下方、ゆるやかな坂をおりた場所に傍《かたわ》らにそびえ立っているケヤキの大木に守られるようにして建っています。入口のガラスの引き戸を開けて一歩足を踏み入れると、そこには工房特有の濃密な空気が充満していました。そういえば、一瞬、身の引き締まるようなこの緊張感は、いつも訪れるたびに感じていたことです。武田さんの作品はどんな小品であれ、この工房特有の空気(あるいは匂い)を色濃く纏っていることをここで書き添えておきたいと思います。

ところで、たったいま「濃密な空気」と書きましたが、もしかしたら工房内部に充満しているものを「濃密な時間」と言い替えたほうがいいかもしれません。工房内に置かれている幾何学を駆使した石膏型や、試作とおぼしき作品や、壁にピンナップされた色鮮やかなスケッチや、びっしり並んだCDや、棚に整然と並べられた作品群は、工房で過ごす孤独で密度の濃い制作の時間を如実に物語っているとも言えるからです。その場で

玄関を入り、円弧を描く壁に沿って反時計回りにまわり込んで落ち着いところが居間のスペース。居心地の良さがこういう動線を辿ることでも生まれる好例だと思う。正面にオーディオ装置と液晶の画面。音楽と映像を心ゆくまで愉しむことができるのは、都会的な娯楽のない場所ならではの恩恵かもしれない

陶板に焼き付けられた映画『道』の印象的なシーンの数々。武田さんはこのデッサン力を長年「封印していた」とのこと

じっと耳を澄ませば、制作中の武田さんの呻吟のうめき声や、会心の作品ができたときの安堵と満足のため息も聞こえてきそうに思えます。

ところで、工房の内部を眺め渡しているうちに、これまでに見かけたことのないタイル状の陶板が棚の上にズラリと並べられているのが目に入りました。近寄ってみるとそれは、イタリア映画『道』から印象的なシーンを描いて陶板に焼き付けた作品で、その年の個展に出品した作品の一部でした。武田さんの作品といえば、まず、幾何学的な立体作品に幾何学模様を描き、色彩で彩った作品が頭に浮かびますが、この陶板作品はぼくの知っているこれまでの武田作品とはまったく別種の趣向の作品でした。

武田さんは陶板の一枚一枚について、それが映画のどの部分で、どんな意味合いを持ったシーンであるか……アンソニー・クインやジュリエッタ・マシーナの名演とストーリーもあわせ、こと細かく、熱っぽく語ってくれました。フェデリコ・フェリーニの『道』は、もちろんぼくも学生時代から何度も名画座で観ていて、よく知っているつもりでしたが、武田さんの話を聴いていると「ああ、そうだった」とか「そうか、そういうことだったのか」という発見がいくつもありました。

それはそうと「でも、なぜ武田さんはその映画のシーンを描いて陶板にする気になったんだろう?」という疑問はぬぐえません。その心境について訊ねてみたところ、こんな答えが返ってきました。

一番の動機はサ、クレパスとかクレヨンのタッチの「チョーク絵」をやってみたかったからなんだよ。子供が道路に白墨《チョーク》で無心に絵を描いたりするあの感じでネ。でも、なにを描けばいいかわかんなくて、なかなかできなかった。今さら花鳥風月を描くってのも、ないしネ。で、人物ならいいかなって思って、人物なら自分の一番好きな映画『道』の登場人物を描いてみよう……てことになったわけ。

絵は好きでネ、自分でもある程度上手く描けるとは思っていたんだけどサ、そのことをずっと封印していたんだヨ。だけどね、歳が上がってきたし、もう、そろそろいいかな、と思ってネ、チョーク絵で大好きな映画のシーンを描いて陶板にしてみたってわけ。

だけど、紙の上に描くのと違って陶板に焼き付けることで、ホラ、「チョークの線」に焼き物ならではのニュアンスというかサ、味というかサ、出るでしょ。だからこれもちゃんと陶芸になっていると思うんだヨ。

じつはこの話の一部は、見学に訪れた後で武田さんに電話で追加取材をして聞いたものです。子供が白墨で道路に絵を描く話が受話器から聞こえてきたとき、チョークで『道』の絵を描く武田さんが二重写しになって瞼に浮かんで、電話口で思わず膝を叩きました。

武田さんは作風が絶え間なく変化し、深化するタイプの陶芸家です。知り合ったころ、毎年開かれていた個展のDMをもらうと「今年はいったいどんな趣向の作品を見せてもらえるのだろう?」と胸を躍らせたものですが、七十歳を越えた今でも新しい分野に挑戦し、新しい手法を編み出した上でその手法を武田流に深め完成させずにはおかない旺盛な探究心と、衰えることのない作家魂を目のあたりにし、あらためて見上げるような気持を抱いたのでした。

工房見学を終え、もういちど母屋の住まいに移動し、ここからは武田夫妻の「家」と「住まいぶり」を見学する番です。繰り返すことになりますが、ぼくはこれまでに何度もこの家を訪れていますから、隅々まで「熟知している」とは言わないまでも、この家については「わりとよく知っている」ほうです。とはいえ、今回は、ただ遊びに来たわけではなく取材ですから、平面計画や空間構成など建築的な視点からもよく見ておこう、建築家の設計した家の住まい手としての率直な感想や意見なども聴きだそうと、心積もりしてやって来ました。話が前後しますが、そもそもこの家は武田さんの芸大時代からの友人で「論客」としても知られる建築家の野沢正光さんが設計したものです。また、この家は初期のOMソーラーハウスですから、建築的にも大いに見応えがあるにちがいありません。

……と、思いながらも、いったん家の中に入ってしまうと、そこに置かれている家具調度に目を奪われ、棚に置かれ、壁に飾られている様々な「宝物たち」に心奪われます。どの家具に

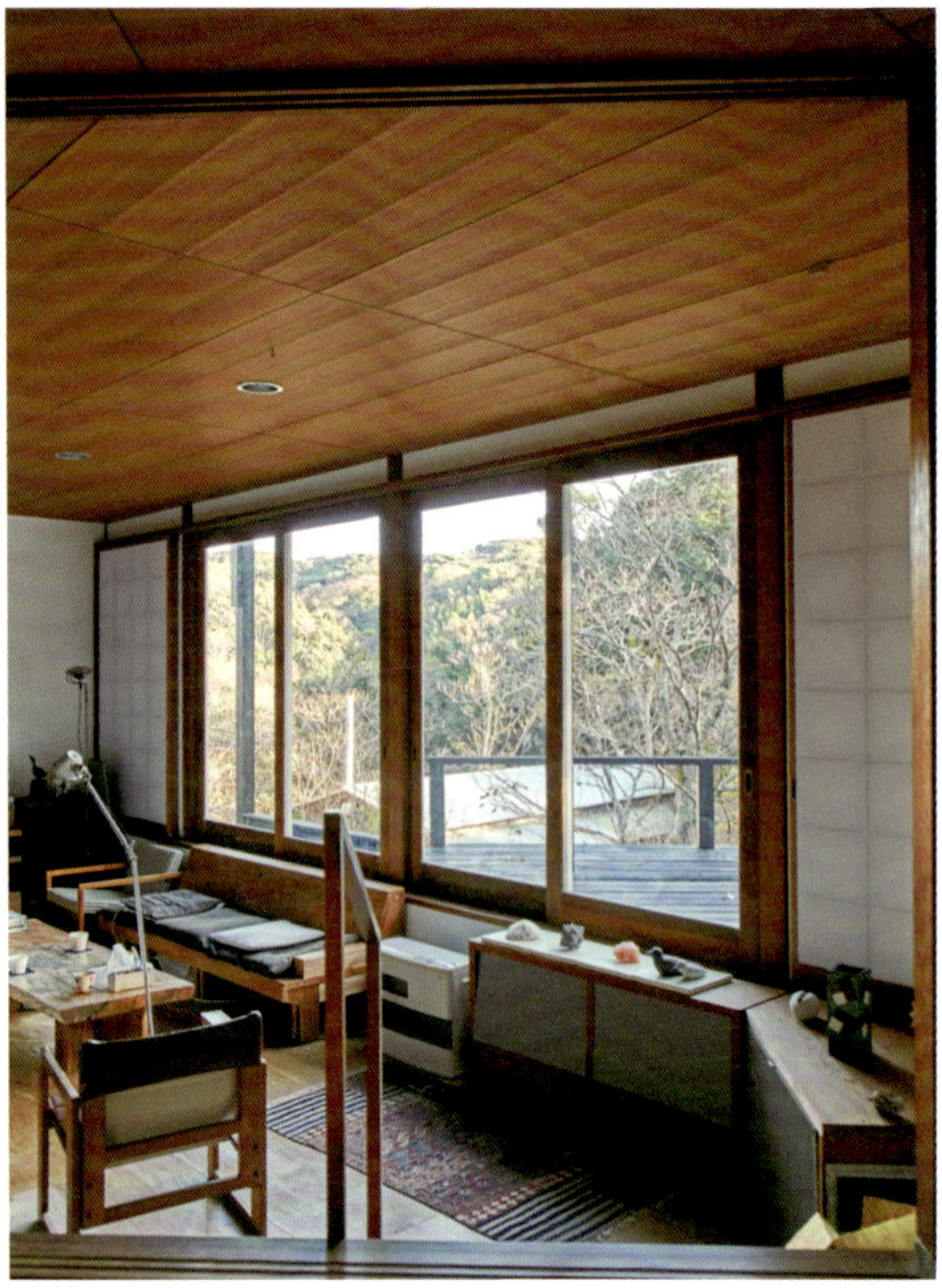

南側の広々したベランダの床は食堂の床のレベルとほぼ同じなので、居間からは階段3段分ほど上がっている

円弧を描く壁面に囲まれた玄関。床に足場板が使われていたり、その床に枯れ木が突き刺さっていて帽子とコート掛けになっているあたりが面白い

も使い込まれた年月と風格が沁み込んでいますし、壁に飾られている数枚のタイルの色と形の取り合わせひとつとっても武田さんの好みと思い入れが感じられます。

つまりは、そういう細部のひとつひとつからもこの家が歩んできた歴史を感じることができるのです。完成して引っ越したのが一九九〇年だそうですから、武田夫妻はこの家にかれこれ二十七年間住み続けてきたことになります。

居間には一枚板のセンターテーブルを挟んで向かい合わせに大きなソファがあり、その短辺方向にはこれまた向かい合わせにアームチェアが置かれていますが、そのうちの一脚は吉村順三先生と木工作家の丸谷芳正さんとぼくが共同でデザインした「たためる椅子」で、革張りの座と背が使い込まれていい風合いになっているだけでなく、アームには飲み物などを置く特製の部品もはめ込まれていて、座面と背当ての窪みが居場所としての心地良さを物語っていました。

家具といえば居間から三段ほど上がった食堂には墨染めした合板製の大テーブルが置かれていますが、この大テーブルは一九八九年にぼくが六本木のＡＸＩＳで「テーブル展」を開いた時、武田夫妻が「ご祝儀買い」してくれたものです。これも長い年月、丁寧に使い込まれていて、作者のぼくの顔を人知れずほころばせたのでした。

居間から三段上がったレベルに食堂があることを書いたついでに、ここでこの住宅の平面計画プランについて触れておきます。

この住宅の一階はちょっと不思議な間取り（平面形）をしています。ごく簡単にいえば半月形（あるいは半円形）で、その半円部分に、台所と浴室と階段室という用途の異なる長方形の部屋が、水平、垂直、四十五度の三つの違った角度で、ブスッ、ブスッ、ブスッと突き刺さったようなかたち（一四二ページ参照）。そしていちばん深々と突き刺さっている長方形が台所、二番目が階段室、三番目が浴室です。ここからはぼくの推察ですが、野沢さんはこの住宅では食堂や居間などのいわゆる「居室」と、「サービス機能を持った空間＝部屋」をはっきり区別して表現したかった、あるいはそうすることをこの住宅のプランニングの主題《テーマ》あるいはコンセプト（先ほど書いたように建築家が偏愛する言葉です）にしたかったのではないかと思います。

かつて建築家のルイス・カーンは、建築空間を、Served-Space（仕えられる空間）とServant-Space（仕える空間）、意訳すれば「ご主人さまの空間」と「召使いの空間」に明快に分ける考え方を提唱しました。そして、それを実践して《エシェリック邸》という住宅や《ソーク研究所》などの傑作を生み出したのですが、野沢さんは気の置けない友人である武田さんの家で、半月型に長方形を突き刺すことで、ルイス・カーンとはひと味違う「野沢型」のServed-Space／Servant-Spaceを実現させたかったのではないか……と、ぼくは推察します。

迂闊なことですが、ぼくがこのことに気づいたのは、十二月の見学後に武田さんから送ってもらった平面図を眺め、それを手描きでコピーしていたときですから、つい最近のことです。

そして、そういう視点で平面図を仔細に検討してみると、突き刺さった部分によって切り取られた「残りの部分」がとても上手に、そして違和感なく住宅のプランに溶かしこまれていることにも気づきます。半月形と長方形によって、いわゆる「図と地」の関係が生まれるわけですが、「図」によって「地」が犠牲になることも、「地」によって「図」が損なわれているようにも感じられないのです。意欲的なプランを作ったために「余っちゃった！」とか「困っちゃった！」という若手建築家的な破綻がないところは流石《さすが》だと思います。洗面台の納まりかたなんか、なかなか「いい感じ」なのです（なんとなく、この部分は武田さんのアイデアだったのではないか、という気もしますが……）。

最初にこの家に来たのが、家が完成して二年ほど経ってからだったと思うので、もう四半世紀も前のことになるわけですが、先ほども書いたように、セルフビルドした前の家の無理も無駄もないじつに簡素かつ潔い佇まいに共感し、大きな影響を受けていたぼくには、野沢さんの設計した半月型の間取りの理由（意味？）が、じつは、まったく理解できませんでした。ご承知のとおり、木造の建物は直線的な間取り（あっさり言えば、ごくあたり前の間取り）を造るのには向いていますが、曲線的な間取りを造るのには向いているとは言えません。もちろん造れないわけではありませんが、あたり前の間取りを造るよりは、当然手間ヒマがかかりますし、その分、工事費も余分にかかることになります。しかも、この特徴的な半月形はこの家の背後（背中またはお尻の部分？）にあたり、雑木林の中にその全貌が隠れてしまって、残念ながら、施工の苦労と費用のわりにはほとんど外からは見えないのです（ガルバリウム鋼板で平葺きされた円弧状の壁面が見えないのは、人ごとながら残念無念です）。

半月形の理由について、そのときぼくが考えたことがふたつありました。

ひとつは、この家がOMソーラーの家であることです。OMソーラーというのは冬場は家の中に温かい空気、夏場は冷たい空気の流れをつくりそれを循環させることによって夏・冬ともに快適な温熱環境を作り出すシステムですから、「この半月形の間取りはそのシステムを効率良く働かせるために不可欠な形なのだ」、つまり「機能から導き出された形なのだ」と考えたのです。そのことでどれくらいOMソーラーの効率が良くなるのか、どのように機能的なのかは分かりませんでしたが、いずれにせよ、そうした機能的な理由があれば説得力も生まれます。でも、期待に反してそうではないらしいのです。

もうひとつの理由は、武田さん自身が自分の家を半月型にしてみたかったのではないか？　ということ。日常的に轆轤《ろくろ》で作業している陶芸家の武田さんが円形に対して特別な愛情を感じているのではないかと思いますし、その円形に別の幾何学的な形を付加して造形的な作品を作りだすことにかけては、武田さんのもっとも得意とするところですから、この形が武田さんの意図したものだったのなら、それなりに理解できるのです。

でも、このことを武田さんにやんわり訊いてみると、どうやらこの二番目の理由もなさそうでした。武田さんは半月形が「好き」とか「嫌い」とかいうことより、恣意的な形のために無駄にお金がかかることに本心では賛成できなかったようなのです（武田さんの口ぶりからぼくがそう感じただけで、本当のところは分かりません）。

ともあれ、この半月形の平面に関しては建築家と依頼者《クライアント》の間に拮抗する思惑（対立する思惑？）があったことは想像に難くありません。そして、結論を相撲解説の口調で言えば、「寄り切って建築家の勝ち」ということになり、野沢さんの建築的なテーマを優先した「野沢型」の Served-Space / Servant-Space の家が実現したというのが真相らしいのです（繰り返しますが、これは、あくまでぼくの推察です）。

取材にきたはずのぼくが、インタヴューらしいインタヴューもしないまま、ただ、お菓子を頬張り、お茶を飲んで雑談ばかりしていたので、ちょっと話題が途切れた時（録音し始めてからすでに一時間十二分ほど経過していました）、武田さんが声の調子を変え「やはり、このことだけは言っておかなければ……」と、あらたまった感じでこんな意味のことを言いはじめました。

以前も話したかもしれないけど、最初の家は自分でセルフビルドで建てたので、出来映えの良し悪しにかかわらず、ストレスはなかった。人と関わることもなく、自分の思うさまできた

工房で談笑する武田さんと私。完成した作品だけでなく、窯入れを待つ素焼の作品、試作品、石膏型、作陶用の道具のあれこれ、紙に描かれたアイデアスケッチ……などに目と心を奪われつつ、武田さんの話に聞き入る充実のひととき

から。出来が悪かったら自分で諦めるとか、納得するとかすれば良かったんだけど、いざ野沢正光という建築家に設計を頼んだ家に住み始めたら、当然ながら、小さなことでも意に沿わないことや気持にひっかかることがあった。他人が設計した家に住むってのは、自分がワガママなせいか、注文が多いせいかもしれないけど、結構ストレスがあった。

　そうして住み始めてから二十七年経ったわけだけど、最初の十年は、ストレスっていうか、違和感っていうか、「どうもなぁ」、「馴染めないなぁ」という想い、それがずっとあった。それが、次の十年で、だんだんそういうことにも慣れて来て、あとの七年は逆に愛着が湧いてきて、やっとこのごろ、「ああ、この家、結構いいじゃないか」って、そういうふうに思えるようになってきた。

　この武田さんの話の合間に、志のぶさんが、持ち前の明るい声で「そうよね、今はとってもいい感じよね」と絶妙のタイミングで合いの手を入れたりしましたが、その声がいまでもぼくの耳の奥に残っています。

　そして、その声を思い出すにつけ、建築家は「家＝HOUSE」を設計することはできますが、その家を「住まい＝HOME」に昇華させるのは、生身でそこに住み続ける人なのだというごくあたり前のことに、あらためて思い至るのでした。

こぼれ話

「Artist at Home」の連載を始めることになったとき、はっきりこの人の住まいと仕事場を取材させてもらおうと考えていた候補者が二人いました。

ひとりは巻頭で紹介した前川秀樹さん。もうひとりは武田武人さんです。

前川さんは予定通り、真っ先に取材させてもらいましたが、武田さんの番がなんとなく後へ後へとズレ込んでいき、結果として連載からこぼれてしまいました。この本で取り上げた12人のアーティストの中で一番古い付き合いは武田武人さんでしたから、紹介したいエピソードもたくさんあるし、書きたいこともあるので、たぶん連載ページではおさまりきらないのではないかという懸念もあって、ついつい後まわしにしてしまったのです。そして、単行本用に書き下ろすことになり、いざ書き始めてみたら、案の定、ほかのアーティストのほぼ2倍の文字量になっていました。「連載でなくて良かった！」と、いまさらながら思います。

武田さんは、低音で特徴的な含み声の持ち主ですが、話しかたにも独特の間合いと、面白い言い回しがあります。当初ぼくは、その武田さんならではの話のニュアンスを、かつて伊丹十三がその分野で画期的な成功をおさめた「聞き書きの手法」を真似て再現し、読者に伝えようと考えていました。そして、何度も何度もテープを聴き直しては、書き文字に置き換えてみたのですが、いかんせん力不足で「武田節《たけだぶし》」は再現できませんでした。残念無念！ というほかありません。

◉初出一覧

像刻家 前川秀樹さんの巻 LIXIL eye No.1 2012年11月

金属造形家 渡辺遼さん、須田貴世子さんの巻 LIXIL eye No.2 2013年4月

画家 仲田智さんの巻 LIXIL eye No.7 2015年2月

イラストレーター 葵・フーバーさんの巻 LIXIL eye No.4 2014年2月

彫刻家 上田快さん、亜矢子さんの巻 LIXIL eye No.8 2015年6月

リュート奏者 つのだたかしさんの巻 LIXIL eye No.5 2014年6月

テキスタイルデザイナー 真木千秋さんの巻 LIXIL eye No.11 2016年6月

陶芸家 小川待子さんの巻 LIXIL eye No.3 2013年10月

鍛造作家 藤田良裕さんの巻 LIXIL eye No.10 2016年2月

フォルコラ作家 パオロ・ブランドリシオさんの巻 LIXIL eye No.12 2016年10月

画家 綿引明浩さんの巻 LIXIL eye No.6 2014年10月

陶芸家 武田武人さんの巻 書き下ろし

◉写真

相原功／前川秀樹さんの巻、渡辺遼さん、須田喜世子さんの巻、仲田智さんの巻、

上田快さん、亜矢子さんの巻、つのだたかしさんの巻、小川待子さんの巻、綿引明浩さんの巻

雨宮秀也／藤田良裕さんの巻（p.111右上をのぞく）、武田武人さんの巻

中村好文／上記以外

◉ドローイング

中村好文

中村好文（なかむら・よしふみ）

建築家。1948年千葉県生まれ。72年武蔵野美術大学建築学科卒業。72年宍道設計事務所、76年吉村順三設計事務所を経て、81年レミングハウス設立。

主な作品に、《三谷さんの家》（1986）、《REI HUT》（2001）、《伊丹十三記念館》（2007）など。主な著書に『住宅巡礼』『住宅読本』『意中の建築 上・下巻』（新潮社）、『集いの建築、円いの空間』（TOTO出版）、『建築家のすまいぶり』『湖畔の山荘設計図集』（エクスナレッジ）、『小さな家の物語』（平凡社）など多数。

芸術家《アーティスト》のすまいぶり

発行日 2019年10月15日 第1刷発行

著者 中村好文
発行者 ジン・ソン・モンテサーノ
発行所 LIXIL出版
〒104-0031
東京都中央区京橋3-6-18
TEL 03-5250-6571
FAX 03-5250-6549
www.livingculture.lixil/publish

デザイン 松永 路
印刷 光村印刷株式会社

ISBN：978-4-86480-044-0 C0052